내게는 특별한
천걸음
스페인어를 부탁해

다락원

내게는 특별한 스페인어를 부탁해

첫걸음

지은이 조혜진
펴낸이 정규도
펴낸곳 (주)다락원

초판 1쇄 발행 2011년 8월 19일
개정판 1쇄 발행 2023년 7월 20일
개정판 2쇄 발행 2024년 2월 19일

책임편집 이숙희, 한지희, 오지은
디자인 윤지영, 윤현주
일러스트 다감인
이미지 출처 shutterstock, iclickart
녹음 Atahualpa Amerise Fernández, Clara Alonso Sendino,
　　 Alejandro Sánchez Sanabria, Verónica Medina López,
　　 김기흥, 정마리, 김성희, 김희승

🏯 **다락원** 경기도 파주시 문발로 211, 10881
내용 문의 : (02)736-2031 내선 420~426
구입 문의 : (02)736-2031 내선 250~252
Fax : (02)732-2037
출판등록 1977년 9월 16일 제406-2008-000007호

Copyright © 2023, 2011 조혜진

ISBN 978-89-277-3306-5 13770

http://www.darakwon.co.kr

다락원 홈페이지를 방문하시면 상세한 출판 정보와 함께
MP3 자료 등 다양한 어학 정보를 얻으실 수 있습니다.

내게는 특별한 스페인어를 부탁해

첫걸음

조혜진 지음

머리말

관심은 사소한 것에서 비롯됩니다. TV 예능 프로그램에서 스페인은 의심의 여지를 주지 않는 매력적인 국가로 느껴지고, 무심코 방문했던 콜롬비아의 사람들이 그렇게 친절할 수가 없더라는 이야기나 멕시코와 중미의 거대 피라미드들, 잉카의 고즈넉하고 신비스러운 유적지와 잉카 트레일, 장엄한 파타고니아는 나도 한 번 걸어 보고 싶다는 욕구를 자극합니다. 이러한 관심이 스페인어라는 세계로까지 확장되는 것은 무척 자연스러운 일입니다.

사실 우리 주변에서 스페인어 낱말들은 쉽게 찾아볼 수 있습니다. 한국어와 친근한 쉬운 발음에, 익숙한 알파벳을 사용할 뿐만 아니라, 영어나 프랑스어와도 비슷해서 자동차, 가전제품, 인테리어 잡지나 가구, 화장품, 건축 분야, 음료 등 분야를 가리지 않고 브랜드 네이밍(Brand Naming)에 선호되는 언어가 바로 스페인어이기 때문입니다. 보통 우리들은 외국어인지조차 모른 채 무심코 지나치게 되지만 말이죠.

단순히 발음이 쉽다는 것이 스페인어를 배우는 이유는 아닙니다. 영어, 중국어, 인도어(힌디어)와 함께 세계 4대 언어 중 하나이고, 다양한 매력으로 관광 대국으로 손꼽히는 스페인과 북미의 멕시코에서 남극까지 뻗은 중남미 대륙에서 통용되는 언어이며, 미국에서 5천만에 육박하는 히스패닉 인구의 모국어도 스페인어입니다. 다시 말해, 개인적인 호기심뿐만 아니라 문화·정치·경제적인 이유에서도 스페인어는 지금 중국어만큼 우리에게 요구되는 언어로 부상했다는 뜻입니다.

이 책은 이 같은 취지에서 기획되었고, 스페인어를 조금 더 가깝고 쉽게 소개하려는 목적에서 만들어졌습니다. 스페인어를 배우겠다는 결심을 한 여러분들에게 첫 길잡이로서의 역할을 충실히 하도록 기초적인 문법과 핵심적인 구문을 중심으로 어휘, 상황별 표현, 문화적인 내용도 친절한 삽화와 함께 꼼꼼히 전달하고자 노력했습니다. 이것이 가능하도록 준비 과정 내내 많은 질문과 조언을 해 주신 다락원의 이숙희 부장님과 교정을 도와준 설주희씨, 제게 거울이자 모범이 되어 주신 모든 은사님들께 이 지면을 통해 감사하다는 말씀을 전하고 싶습니다. 그리고 이 책의 탈고를 저만큼 기뻐해 준 가족들, 진심으로 감사하고 사랑합니다.

조혜진

예비과

발음과 강세, 명사와 형용사의 성과 수,
문장 부호 등 스페인어에 대해 가장
기초적으로 배워야 할 내용을 미리
정리했습니다. 제대로 숙지한 후에
본문으로 넘어가 주세요.

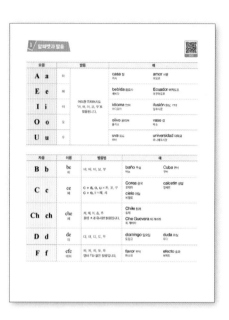

본문 1~20과

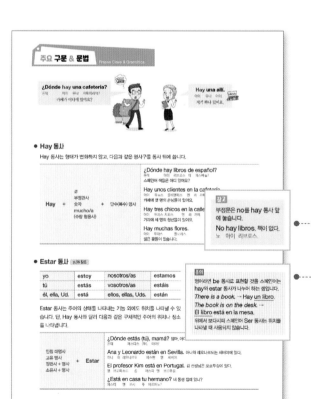

● 주요 구문 & 문법

각 과에서 다루는 문법 내용과 구문을 소개·설명
합니다. 대표적인 상황을 배경으로 하는 삽화를
통해 구문을 시각적으로 학습할 수 있도록
하였으며, 주요 문법 사항은 항목별로 간략하게
설명하여 정리하였습니다.

참고 추가로 학습이 필요한 내용을 설명합니다.

주의 다른 구문과 혼동되지 않도록 다시 한번
확인하는 코너입니다.

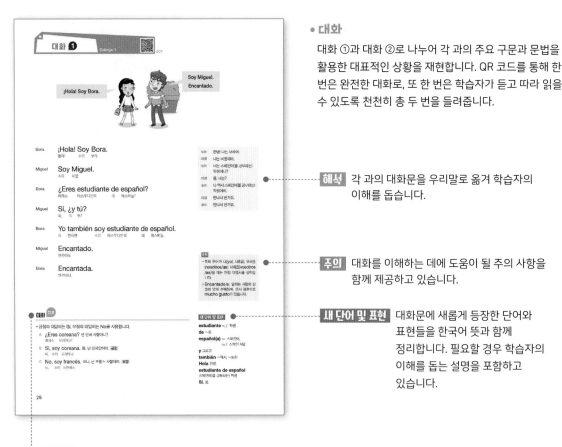

• 대화

대화 ①과 대화 ②로 나누어 각 과의 주요 구문과 문법을 활용한 대표적인 상황을 재현합니다. QR 코드를 통해 한 번은 완전한 대화로, 또 한 번은 학습자가 듣고 따라 읽을 수 있도록 천천히 총 두 번을 들려줍니다.

해석 각 과의 대화문을 우리말로 옮겨 학습자의 이해를 돕습니다.

주의 대화를 이해하는 데에 도움이 될 주의 사항을 함께 제공하고 있습니다.

새 단어 및 표현 대화문에 새롭게 등장한 단어와 표현들을 한국어 뜻과 함께 정리합니다. 필요할 경우 학습자의 이해를 돕는 설명을 포함하고 있습니다.

대화 Tip 대화문에 등장한 주요 표현에 대한 추가 설명과 주의 사항을 담고 있습니다.

• 추가 단어

각 과의 내용과 관련된 단어들을 분야별로 나누어 삽화와 함께 제시함으로써 어휘 실력을 키워 줍니다.

약자 표시 *m.* 남성형   *f.* 여성형

• 유용한 표현

다양한 상황을 통해 실생활에서 유용하게 쓸 수 있는 스페인어 표현들을 익힐 수 있습니다.

• 연습 문제

각 과에서 배웠던 학습 내용을 제대로 이해했는지 스스로 확인하는
부분으로 문법·듣기·읽기 문제로 나누어져 있습니다. 다양한 유형의 연습
문제를 통해 문법 내용을 복습하고, 듣기 문제에서는 음성을 듣고 학습
내용을 파악하는 능력을 기를 수 있습니다. 듣기 문제는 각각 두 번씩
들려 줍니다. 마지막으로 다양한 내용의 읽기 문제를 통해서 독해력과
어휘력을 향상시킬 수 있습니다.

• 문화 Insight

쉬어 가는 코너로 스페인어권
나라들의 다양한 사회, 문화 및
풍습을 소개합니다.

주요 표현 미니북

일상에서 자주 쓰이는 스페인어의 기본적인 구문을
정리하였습니다. 각 과의 내용을 학습한 후에 복습용으로
활용하거나 회화에 응용할 수 있습니다. 스페인어와 우리말이
동시에 녹음되어 있고, 포켓북 크기로 되어 있어 휴대가 간편합니다.

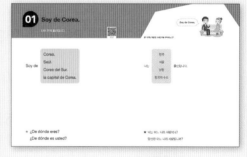

MP3 음성 파일

QR 코드로 제공되는 MP3 음성 파일은 학습자가 원어민의
발음에 익숙해지도록 본책에 있는 예비과 발음, 각 과의
대화문과 듣기 연습 문제, 추가 단어, 유용한 표현 등을 담았습니다.
반복해서 듣고 따라 읽어 주세요.

동영상 강의

예비과 1, 2와 본문 20과, 총 22개의 강의로 구성되어
있으며, QR 코드를 통해 손쉽게 시청할 수 있습니다.
각 과의 핵심 내용을 쉽게 풀어 설명함으로써 학습자의
이해를 돕습니다. 본책의 제한된 지면으로 인해 자세한 설명을
곁들일 수 없었던 부분을 저자 직강 동영상 강의로 보완하였습니다.

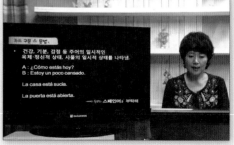

차 례

부록

내용 구성표

제목	주요 구문 & 문법	대화①
예비과	• 알파벳과 발음　• 강세　• 명사와 형용사의 성 • 단수를 복수로 만들 때의 규칙　• 부호: ¿? 와 ¡!	
1 ¡Hola!	• 인칭 대명사　• Ser 동사 • 평서문과 의문문　• 부정문　• 의문사 Dónde	인사하기, 이름 말하기
2 ¿Cómo estás?	• Estar 동사　• ¿Cómo estás/está? • Ser 동사와 Estar 동사 비교 • Ser/Estar 동사에 따라 의미가 변하는 형용사	Tú로 안부 묻기, Ser 동사와 Estar 동사 구분
3 ¿Cómo te llamas?	• Llamarse 동사　• Muy & Mucho • 정관사 & 부정관사　• ¿Cómo + ser 동사 (+ 주어)?	Usted으로 이름 묻기
4 Esta es mi amiga Bora.	• 지시사 Este, Ese, Aquel　• 의문사 Qué, Quién • 소유사 I Mi, Tu, Su　• ¿De quién es ~?	소개하기
5 ¿Dónde está tu casa?	• Hay 동사　• Estar 동사 • 위치를 나타내는 부사와 전치사구　• 숫자 0~10	Hay 동사 이용한 위치 말하기
6 ¿Hablas español?	• 규칙 동사의 유형: -ar, -er, -ir • 불규칙 동사 Saber, Poder　• 각종 의문사	규칙 동사와 의문사 이용하기
7 ¿Adónde vas?	• 불규칙 동사 Ir, Venir　• Ir + a + 동사 원형 • 전치사 A, De, En　• 서수	Ir, Venir 동사 활용하기
8 Tengo mucho frío.	• 불규칙 동사 Tener, Dar • Tener 동사를 이용한 관용 표현 • 직접 목적 대명사　• 간접 목적 대명사	Tener 동사, 관용 표현 이용하기
9 Te quiero a ti.	• 불규칙 동사 Hacer, Querer　• 전치격 인칭 대명사 • 직·간접 목적 대명사가 둘 다 쓰이는 경우와 Se	전치격 인칭 대명사 이용하기
10 Hoy hace buen tiempo.	• 날씨 표현　• 경과된 시간 표현 • 불규칙 동사 Salir, Volver, Ver • Tener que + 동사 원형 / Hay que + 동사 원형	불규칙 동사 이용하기, 날씨와 의무 표현하기
11 ¿Qué hora es?	• 숫자 11~100　• ¿Qué hora es? • 계절, 날짜, 요일 표현　• ¿A que hora + 동사?	시간 표현하기
12 ¿Cuál te gusta más?	• Gustar 동사　• Preferir 동사 • 의문사 Cuál　• 부정어 I: Alguien, Algo, Nadie, Nada	Gustar, Preferir, Cuál 이용하기
13 Me duele la cabeza.	• Gustar류 동사들: Quedar, Doler • 색깔 표현　• ¿Cuánto es? • 부정어 II: Alguno/a, Ninguno/a	Quedar, Importar 이용하기, 색깔과 가격 묻기
14 ¿A qué hora te levantas?	• 재귀 동사　• 소유사 II: Mío, Tuyo, Suyo • 호칭어 Señor, Señora, Señorita	재귀 동사 활용하기, Antes de
15 ¿Qué estás haciendo?	• 현재 진행형: Estar 동사 + 현재 분사 • 의견을 표현하는 동사　• 비교급　• 최상급	현재 진행형
16 ¿Podré hablar español?	• 미래 시제　• Si 가정문 • Conocer와 Saber 동사 비교 • -ísimo/a/os/as	미래 시제 표현하기, Si 가정하기
17 ¿Qué hiciste ayer?	• 현재 완료: Haber 동사의 현재형 + 과거 분사 • 동사의 단순 과거형	현재 완료 이용하기
18 Antes vivía en Barcelona.	• 동사의 불완료 과거형　• 단순 과거 vs. 불완료 과거 • 숫자 101~1000	불완료 과거 이용하기
19 Había dejado la cartera en casa.	• 과거 완료: Haber 동사의 불완료 과거형 + 과거 분사 • 전치사 A, De, En, Con, Sin, Desde • 전치사와 함께 쓰는 동사들	과거 완료 이용하기
20 Come un poco más.	• 긍정 명령형　• 부정 명령형	긍정 명령형 이용하기

대화②	추가 단어	유용한 표현	문화 Insight
			스페인어를 사용하는 나라들
이름 말하기, 국적 표현하기	국명, 국적 형용사	만날 때와 헤어질 때	스페인어권 지역의 인사법
Usted으로 안부 묻기, Estar 동사로 상태 표현하기	건강, 기분, 성격, 외모를 나타내는 형용사	안부 인사에 대한 다양한 대답	스페인어권 사람들 이름의 특징
성·수 변화와 관사 이용하기	가족 관계 명칭	다양한 상황에서의 인사말	스페인에 대한 토막 상식!
지시사, 소유사, 형용사 이용하기	직업명	반복이나 천천히 말해 줄 것을 부탁할 때	광활한 대륙, 라틴 아메리카!
Hay동사와 Estar 동사를 이용한 위치 설명	집의 내부와 가구명	일상에서 많이 쓰는 기원 표현 I	스페인 축제 '라스 파야스'와 '인간 탑 쌓기'
Poder, Saber, 의문사 이용하기	-ar형 동사들	일상에서 많이 쓰는 기원 표현 II	스페인 '소몰이 축제 (los Sanfermines)'와 '토마토 전투 (la Tomatina)'
Ir, Venir, Ir + a + 동사 원형, 서수 이용하기	-er형 동사들, -ir형 동사들	일상적인 표현 I	'산티아고의 길(Camino de Santiago)'
Tener, Dar, 목적 대명사, 관용 표현 이용하기	몸	감탄하기	스페인의 대표적인 유네스코 세계 문화유산
전치격 인칭 대명사, Se 이용하기	불규칙 동사의 유형	초대(제안) 받아들이기, 초대(제안) 거절하기	라틴 아메리카의 대표적인 축제 I
불규칙 동사 이용하기, 경과된 시간 표현하기, 날씨와 의무 표현하기	달력 보기	일상적인 표현 II	라틴 아메리카의 대표적인 축제 II
날짜, 요일 표현하기	시간 표현	감정 표현하기 I	라틴 아메리카의 자연적 특징
부정어, Gustar, Preferir, Cuál 이용하기	스포츠	감정 표현하기 II	라틴 아메리카의 대표적인 춤, 탱고와 살사
Doler, 부정어 이용하기	옷과 소지품	쇼핑하기	스페인의 상징, 투우와 플라멩꼬
소유 형용사와 호칭어 이용하기	기타 재귀 동사	칭찬에 응대하기	스페인의 대표 화가, 고야와 피카소
의견 표현 동사, 비교급, 최상급 표현하기	가전제품	의견에 동조하거나 반대하기	아메리카 대륙의 발견과 정복
Conocer와 Saber 동사 활용하기, 'Saber si' 구문, -ísimo 표현하기	과일류, 채소류, 육류	정식 메뉴 주문법	스페인의 대표적인 음식
단순 과거 이용하기	생선류, 어패류, 음료, 기타	감정 표현하기 III	라틴 아메리카의 다양한 음식
단순 과거와 불완료 과거 비교하기	도로와 길	전화 통화하기	북미 최후의 제국 아스떼까(azteca)
전치사와 함께 쓰는 동사들 이용하기	도시의 건물들	타인에게 관심 표현하기	밀림의 도시 국가 문명 마야(maya)
부정 명령형 이용하기, 목적 대명사 이용하기	교통수단	방향 지시하기	남미 최대 제국 잉카(inca)

보라 Bora

스페인에 유학 간
한국인 대학생

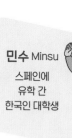

미겔 Miguel

스페인 사람,
대학생,
보라의 친구

민수 Minsu

스페인에
유학 간
한국인 대학생

안또니오
Antonio

스페인 사람, 회사원,
마리아의 남자 친구

나초 Nacho

스페인 사람,
의사,
보라의 친구

마리아 María

스페인 사람,
영어 전공 대학생,
안또니오의 여자 친구

후안 Juan

미겔의 남동생,
대학생

산또스 선생님
Profesora Santos

중년의 스페인 부인,
미겔의 학교 선생님

이제
스페인어를
배워 볼까요?

동영상 강의

예비과 ①

예비과 ②

¡HOLA!

001

모음	발음		예	
A a	아		**casa** 집 까사	**amor** 사랑 아모르
E e	에		**bebida** 음료수 베비다	**Ecuador** 에콰도르 에꾸아도르
I i	이	어떠한 위치에서도 '아, 에, 이, 오, 우'로 발음됩니다.	**idioma** 언어 이디오마	**ilusión** 환상, 기대 일루시온
O o	오		**olivo** 올리브 올리보	**vaso** 컵 바소
U u	우		**uva** 포도 우바	**universidad** 대학교 우니베르시닷

자음	이름	발음법	예	
B b	be 베	바, 베, 비, 보, 부	**baño** 욕실 바뇨	**Cuba** 쿠바 꾸바
C c	ce 쎄	c + a, o, u = 까, 꼬, 꾸 c + e, i = 쎄, 씨	**Corea** 한국 꼬레아 **cielo** 하늘 씨엘로	**calcetín** 양말 깔쎄띤
Ch ch	che 체	차, 체, 치, 초, 추 항상 ㅊ과 유사한 발음입니다.	**Chile** 칠레 칠레 **Che Guevara** 체 게바라 체 게바라	
D d	de 데	다, 데, 디, 도, 두	**domingo** 일요일 도밍고	**duda** 의심 두다
F f	efe 에페	파, 페, 피, 포, 푸 영어 F와 같은 발음입니다.	**favor** 부탁 파보르	**efecto** 효과 에펙또

G g	ge 헤	g + a, o, u = 가, 고, 구 g + e, i = 헤, 히 gu + e, i = 게, 기 gü + e, i = 구에, 구이	**gato** 고양이 가또 **Argentina** 아르헨티나 아르헨띠나 **lingüística** 언어학 링구이스띠까	**Goya** 고야 고야 **guitarra** 기타 기따르-라
H h	hache 아체	절대 발음하지 않습니다.	**Honduras** 온두라스 온두라스	**humedad** 습기 우메닷
J j	jota 호따	하, 헤, 히, 호, 후 영어 H와 유사하나 목 안에서 더 세게 발음합니다.	**julio** 7월 훌리오	**Jamaica** 자메이카 하마이까
K k	ca 까	외래어에만 쓰이므로 원래 발 음대로 읽습니다.	**kilómetro** 킬로미터 낄로메뜨로	
L l	ele 엘레	라, 레, 리, 로, 루 영어 L과 비슷한 발음입니다.	**calor** 더위 깔로르	**valiente** 용감한 발리엔떼
Ll ll	elle 에예	야, 예, 이, 요, 유 대부분 영어 yellow의 y와 유 사하게 발음하지만 지역별로 발음의 차이가 있습니다.	**Sevilla** 세비야 세비야 **llama** 라마 야마	**lluvia** 비 유비아
M m	eme 에메	마, 메, 미, 모, 무	**madre** 어머니 마드레	**hombre** 남자 옴브레
N n	ene 에네	나, 네, 니, 노, 누	**nube** 구름 누베	**mineral** 광물 미네랄
Ñ ñ	eñe 에녜	냐, 녜, 니, 뇨, 뉴 영어 Canyon의 ny처럼 발음합니다	**España** 스페인 에스빠냐	**niño** 남자아이 니뇨
P p	pe 뻬	빠, 뻬, 삐, 뽀, 뿌	**pan** 빵 빤	**pollo** 닭고기 뽀요
Q q	cu 꾸	qu + e, i = 께, 끼 위의 두 발음만 있으며, u는 발음하지 않습니다.	**Quito** 키토 끼또	**queso** 치즈 께소

R r	ere 에레	라, 레, 리, 로, 루 영어처럼 혀가 입 뒤쪽으로 넘어가는 음이 아니라 입 앞쪽에서 확실히 발음합니다.	**Barcelona** 바르셀로나 바르쎌로나 **hablar** 말하다 아블라르	**doctor** 의사, 박사 독또르 **loro** 앵무새 로로
	erre 에르-레	단어 첫 자리 /R-/와 /-rr-/는 강조적으로 중복된 /ㄹ-ㄹ/로 발음합니다.	**Roma** 로마 ㄹ-로마 **Marruecos** 모로코 마ㄹ-루에꼬스	**rico** 부유한 ㄹ-리꼬 **cerro** 언덕 쎄ㄹ-로
S s	ese 에세	사, 세, 시, 소, 수	**sombra** 그림자 솜브라	**sábado** 토요일 사바도
T t	te 떼	따, 떼, 띠, 또, 뚜	**tequila** 데킬라 떼낄라	**tomate** 토마토 또마떼
V v	uve 우베	b와 동일하게 발음합니다.	**verbo** 동사 베르보	**Venezuela** 베네수엘라 베네쑤엘라
W w	uve doble 우베 도블레	외래어에만 쓰이므로 원래 발음대로 읽습니다.	**whisky** 위스키 위스키	**Washington** 워싱턴 워싱턴
X x	equis 에끼스	대부분은 [ks](엑스)로 발음되며, 간혹 멕시코의 지명이 [ㅎ]으로 발음되기도 합니다.	**examen** 시험 엑사멘 **México** 멕시코 메히꼬	**extranjero** 외국인 엑스뜨랑헤로 **Texas** 텍사스 떼하스
Y y	i griega 이 그리에가	모음 [i](이)와 유사한 발음입니다.	**Yemen** 예멘 예멘 **Paraguay** 파라과이 빠라과이	**yo** 나 요
Z z	zeta 쎄따	싸, 쎄, 씨, 쏘, 쑤	**zapato** 신발 싸빠또	**matiz** 뉘앙스 마띠쓰

스페인 발음과 중남미 발음의 가장 큰 차이는 z와 ce, ci에 있습니다. 중남미에서는 이를 모두 싸, 쎄, 씨, 쏘, 쑤로 발음하는 반면, 스페인에서는 혀를 윗니와 아랫니 사이에 넣어 [θ] 발음을 합니다. 외국인 우리로서는 전자가 훨씬 쉬운 편이며, 이들 모두 바른 발음법입니다.

주의

2010년 말 스페인 한림원은 철자법 개정과 일부 알파벳의 통합을 결정하였으나 본 책에서는 스페인어 발음을 효과적으로 이해하기 편리한 구 알파벳의 구성과 명칭을 사용하기로 하였습니다.

● 주요 발음 정리

ca, que qui, co, cu 까, 께, 끼, 꼬, 꾸	caballo 말 까바요 queso 치즈 께소 quince 15 낀쎄	copa 잔 꼬빠 cucaracha 바퀴벌레 꾸까라차
za, ce, ci, zo, zu 싸, 쎄, 씨, 쏘, 쑤	zapato 신발 싸빠또 ceja 눈썹 쎄하 cinta 테이프 씬따	zoo 동물원 쏘오 zumo 주스 쑤모
ja, je/ge, ji/gi, jo, ju 하, 헤, 히, 호, 후	jabalí 멧돼지 하발리 jefe/gema 상사/보석 헤페/헤마 jinete/gitano 기사/집시 히네떼/히따노	joven 젊은이 호벤 jugo 즙, 주스 후고
ga, gue, gui, go, gu 가, 게, 기, 고, 구	gato 고양이 가또 guerra 전쟁 게ㄹ-라 guía 안내원 기아	gordo 뚱뚱한 고르도 Guatemala 과테말라 과떼말라
güe, güi 구에, 구이	vergüenza 부끄러움 베르구엔싸	pingüino 펭귄 삥구이노
h 발음하지 않는다.	La Habana 하바나 라 아바나 hamaca 해먹 아마까	hola 안녕 올라
lla, lle, lli, llo, llu 야, 예, 이, 요, 유	llave 열쇠 야베 llegar 도착하다 예가르	llover 비 오다 요베르 lluvia 비 유비아
R-, -rr- 중복된 [ㄹ-ㄹ]	rosa 장미 ㄹ-로사 real 현실의, 왕의 ㄹ-레알	ferrocarril 철도 페ㄹ-로까ㄹ-릴 perro 개 뻬ㄹ-로
a, e, i, o, u 아, 에, 이, 오, 우	América 아메리카 아메리까 elefante 코끼리 엘레판떼 isla 섬 이슬라	opinión 의견 오삐니온 Uruguay 우루과이 우루과이

2 강세

스페인어는 단어마다 강세가 있습니다. 이는 특정 모음(음절)을 높게 읽는 것을 뜻하며 강세를 통해 동음이의어를 구별하기도 하므로 매우 중요한 역할을 하는 셈입니다.

1 모음과 자음 n, s로 끝나는 단어는 끝에서 두 번째 모음(음절)을 높게 읽습니다.

ha-blan 말하다	**co-men** 먹다	**lu-nes** 월요일	**vier-nes** 금요일	**bai-le** 춤	**chi-co** 소년
아블란	꼬멘	루네스	비에르네스	바일레	치코

2 자음으로 끝나는 단어는 마지막 모음(음절)을 높게 읽습니다.

ciu-dad 도시	**piel** 피부	**dor-mir** 잠자다	**ma-tiz** 뉘앙스
씨우닷	삐엘	도르미르	마티쓰

3 모음 5개는 강모음(a, e, o)과 약모음(i, u)으로 구분하며, '강 + 약모음 또는 약 + 강모음' 조합의 강세는 강모음에 옵니다.

jue-ves 목요일	**rei-na** 여왕	**cua-tro** 4	**vier-nes** 금요일	**tiem-po** 시간
후에베스	ㄹ-레이나	꾸아뜨로	비에르네스	띠엠뽀

Tip

´(acento 또는 tilde;강세) 부호는 해당 모음(음절)을 높게 읽으라는 의미이며, 위 규칙에서 벗어나는 경우에 강제로 강세를 주기 위해 사용합니다. 또는 동음이의어와 구별하기 위해 쓰기도 합니다.

예 México(멕시코), café(커피)
inglés (영국 남자) – inglesa (영국 여자)
sí(네)-si(만일) / mí(yo의 전치격 인칭 대명사)-mi(나의) /
el(남성 단수 정관사)-él(3인칭 주격 인칭 대명사)

3 / 명사와 형용사의 성

남성		여성	
-o		**-a**	
gato 고양이 가또	coreano 한국인 꼬레아노	gata 고양이 가따	coreana 한국인 꼬레아나
-자음		**+a**	
		profesora 선생님 쁘로페소라	española 스페인 사람 에스빠뇰라
profesor 선생님 쁘로페소르	español 스페인 사람 에스빠뇰	**-ción, -sión / -dad, -tad**	
		información 정보 인포르마씨온	ciudad 도시 씨우닷
		explosión 폭발 엑스플로시온	libertad 자유 리베르땃

-ista, -ante, -ente

periodista 기자 뻬리오디스따	estudiante 학생 에스뚜디안떼	paciente 환자 빠씨엔떼
artista 예술가 아르띠스따	cantante 가수 깐딴떼	asistente 보조원 아씨스뗀떼

① 모든 명사는 남성과 여성으로 구분됩니다. 사물의 성은 둘 중 하나로 고정되어 있지만 생물은 타고난 성을 따릅니다.

사물	생물
libro *m.* 책 리브로	hombre *m.* 남자 옴브레
casa *f.* 집 까사	mujer *f.* 여자 무헤르

주의
위 규칙에서 예외인 단어들도 있습니다.
problema *m.* 문제
mano *f.* 손
día *m.* 날
＊ *m.* = 남성　*f.* = 여성

② 생물은 성별에 따라 남녀의 성을 바꿀 수 있습니다.

① 최종 모음 **-o**를 **-a**로 바꿉니다.

hijo ↔ **hija** 아들 ↔ 딸
이호　　이하

alumno ↔ **alumna** 남학생 ↔ 여학생
알룸노　　　알룸나

② 최종 자음에 **-a**를 덧붙입니다.

señor ↔ **señora** Mr. ↔ Mrs.
세뇨르　　세뇨라

profesor ↔ **profesora** 남선생님 ↔ 여선생님
쁘로페소르　　　쁘로페소라

③ 남성형과 여성형이 다른 경우가 있습니다.

rey ↔ **reina** 왕 ↔ 여왕
ㄹ-레이　　ㄹ-레이나

padre ↔ **madre** 아버지 ↔ 어머니
빠드레　　　마드레

actor ↔ **actriz** 남자 배우 ↔ 여자 배우
악또르　　악뜨리쓰

Tip
· 남녀 공용의 -ista, -ante, -ente로 끝난 단어는 성의 구분이 안 되므로 관사나 지시사 등이 대신 성별을 표현해 줍니다.
　예 el(un) estudiante 남학생, la(una) estudiante 여학생
　los(unos) estudiantes 남학생들, las(unas) estudiantes 여학생들
· 여성의 사회 참여가 늘면서 clienta(여자 손님), dependienta(여종업원)와 같은 형태가 쓰이게 되었습니다.

③ 일반적으로 –e로 끝난 단어는 여성 또는 남성으로 고정되어 있습니다.

nombre *m.* 이름
놈브레

coche *m.* 자동차
꼬체

noche *f.* 밤
노체

leche *f.* 우유
레체

④ 명사를 수식하는 단어(형용사)는 보통 명사 뒤에서 명사의 성·수에 일치하여 사용됩니다.

coreano alto *m.* 키 큰 한국인
꼬레아노 알또

coreana alta *f.* 키 큰 한국인
꼬레아나 알따

coreanos altos *m.* 키 큰 한국인들
꼬레아노스 알또스

coreanas altas *f.* 키 큰 한국인들
꼬레아나스 알따스

4 단수를 복수로 만들 때의 규칙

-모음		-s 추가
-자음	➡	-es 추가
-z		-c + es 로 변환
-s		변화 없음

silla 의자 시야	mesa 탁자 메사
profesor 프로페소르 선생님	ciudad 씨우닷 도시
actriz 여배우 악뜨리쓰	pez 물고기 뻬쓰
lunes 월요일 루네스	gafas 안경 가파스

➡

sillas 의자들 시야스	mesas 탁자들 메사스
profesores 프로페소레스 선생님들	ciudades 씨우다데스 도시들
actrices 악뜨리쎄스 여배우들	peces 물고기들 뻬쎄스
lunes 매주 월요일 루네스	gafas 안경들 가파스

혼성으로 이루어진 집합은 항상 남성 복수로 나타냅니다.

hijo + hija = **hijos** 아들 + 딸 = 자녀들

padre + madre = **padres** 아버지 + 어머니 = 부모님

abuelo + abuela = **abuelos** 할아버지 + 할머니 = 조부모님

Los **padres** de Julio son **ingleses**. 훌리오의 부모님은 영국인이다.

Los **hijos** de Cristina son **buenos**. 끄리스띠나의 자녀들은 착하다.

> **주의**
> -s로 끝난 단어 중 마지막 모음에 강세가 있는 단어는 -es를 첨가하여 복수를 만드는 경우가 있습니다.
>
> inglés 영국인 → ingleses
> mes 개월, 달 → meses
> autobús 버스 → autobuses

5 부호: ¿?와 ¡!

스페인어 감탄문과 의문문에는 특이하게도 문장 앞과 뒤 양쪽에 ¿ ?, ¡ ! 부호를 붙입니다. 앞에는 거꾸로 된 ¿, ¡를, 뒤에는 일반적인 ?, !를 씁니다.

¡Hola! 안녕!

¡Olé! 멋지다!

¿De dónde eres tú? 너는 어느 나라 사람이니?

1 스페인어 낱말들을 따라 읽어 보세요.

(1)	jovial	(2)	jengibre	
(3)	marzo	(4)	Los Ángeles	
(5)	gallina	(6)	reloj	
(7)	general	(8)	llegada	
(9)	herida	(10)	Sevilla	
(11)	saque	(12)	cigarro	

004

2 스페인어 낱말들을 들으면서 써 보세요.

(1)	도르미르	(2)	께소
(3)	아호	(4)	루쓰
(5)	꾸치요	(6)	호야
(7)	까베싸	(8)	쑤모
(9)	씨우닷	(10)	치끼또
(11)	가라헤	(12)	쎄보야

005

3 높낮이를 주면서 따라 읽어 보세요.

(1)	soledad	(2)	marisquería
(3)	aquellos	(4)	barril
(5)	transporte	(6)	transformar
(7)	compañero	(8)	Teide
(9)	Ceuta	(10)	jueves
(11)	matiz	(12)	puerta

006

4 복수로 만드세요.

(1) taxi _____

(2) ciudad _____

(3) mujer _____

(4) inglés _____

(5) estudiante _____

(6) portugués _____

(7) explosión _____

(8) día _____

5 낱말의 성을 말해 보세요.

(1) hija

(2) mamá

(3) abuelo

(4) educación

(5) nacionalidad

(6) pantalón

(7) hotel

(8) leche

6 여성형으로 바꿔 보세요.

(1) chico _____

(2) león _____

(3) paciente _____

(4) cocinero _____

(5) taxista _____

(6) escritor _____

(7) señor _____

(8) doctor _____

스페인어를 사용하는 나라들

오늘날 약 4억 6천만(2021년 기준) 인구가 사용하고 있는 스페인어는 중국어, 영어, 힌디어 (인도어)와 함께 세계 4대 언어 중 하나로 꼽히고 있습니다. 스페인 외에도 아메리카 대륙의 아르헨티나, 볼리비아, 콜롬비아, 코스타리카, 쿠바, 칠레, 도미니카 공화국, 에콰도르, 과테말라, 온두라스, 멕시코, 니카라과, 파나마, 파라과이, 페루, 푸에르토리코, 엘살바도르, 우루과이, 베네수엘라와 아프리카 대륙 적도 기니의 공용어이기 때문입니다. 지역별로 발음이나 어휘, 문법상의 차이가 존재하기는 하지만 의사소통에 어려움을 주거나 사전이 필요한 정도는 아닙니다.

1492년 콜럼버스의 '발견' 이후 스페인의 식민지가 된 라틴 아메리카에서는 곧 스페인어를 주로 사용하게 되었고, 식민지 기간 동안 구대륙과 신대륙의 문화가 혼합된 새로운 문화가 탄생하고 혼혈 인종이 나타나게 되었습니다. 스페인어권 지역 출신 작가 11명이 노벨 문학상을 수상한 것은 이러한 역사적, 문화적 배경이 고스란히 반영된 결과라 할 수 있습니다. 한편, 미국에서 5천 9백만(2020년 기준)에 육박하는 히스패닉 이민자들의 모국어인 스페인어는 공동 공용어의 위치를 넘볼 정도로 그 위세를 더해 가고 있습니다.

단순히 사용 인구수가 많다는 사실 외에도 스페인어권 국가들은 공통적으로 아름다운 자연, 뛰어난 예술, 엄청난 양의 부존자원이 가진 경제적 가치, 아름답고 독창적인 유적과 수많은 문화재 그리고 쉽게 친구가 되는 개방적인 민족성을 자랑하고 있습니다.

¡Hola!

동영상 강의

- 인칭 대명사
- Ser 동사
- 평서문과 의문문
- 부정문
- 의문사 Dónde

¿Eres estudiante?
에레스 에스뚜디안떼?
너는 학생이니?

Sí, soy estudiante.
씨, 소이 에스뚜디안떼.
응, 나는 학생이야.

● **인칭 대명사**

yo 요 나	nosotros, 노소뜨로스, nosotras 노소뜨라스 우리들
tú 뚜 너	vosotros, 보소뜨로스, vosotras 보소뜨라스 너희들
él, 엘, ella, 에야, Ud. 우스뗏. 그, 그녀, 당신	ellos, 에요스, ellas, 에야스, ustedes 우스떼데스 그들, 그녀들, 당신들

Tú & Usted

스페인어의 인칭 대명사에는 낮춤말과 높임말의 구분이 있습니다. tú, vosotros/as는 비슷하거나 낮은 연령의 상대나 친한 사이, 가족 간에 사용하는 비형식적이고 친근한 주어입니다. 반면, usted, ustedes은 상급자나 나이 가 많은 사람, 처음 만나는 사람에게 사용하는 형식적이고 정중한 주어입니다.

Nosotros/as & Vosotros/as

주어의 성별에 따라 남성 집단과 남녀 혼성 집단은 nosotros, vosotros, 여성 집단은 nosotras, vosotras로 구분하여 사용합니다.

> **주의**
> ① 약자 표시
> usted = Ud. / ustedes = Uds.
> ② 보통 주어를 생략하고 동사 및 기타 어휘
> 들만 사용하지만 3인칭과 같이 혼동의
> 여지가 있는 경우에는 생략하지 않습니다.

● **Ser 동사**

'～이다'를 뜻한다. 주어의 이름, 직업/신분, 국적, 외모, 성격, 고향 등을 나타냅니다.

주어	Ser 동사 변형	서술어	뜻
yo	**soy** 소이	María. 마리아.	나는 마리아이다. 이름
tú	**eres** 에레스	estudiante. 에스뚜디안떼.	너는 학생이다. 신분
él, ella, Ud.	**es** 에스	israelí. 이스라엘리.	그/그녀/당신은 이스라엘인이다. 국적
nosotros/as	**somos** 소모스	inteligentes. 인뗄리헨떼스.	우리들은 똑똑하다. 성격/외모
vosotros/as	**sois** 소이스	cantantes. 깐딴떼스.	너희들은 가수이다. 직업
ellos, ellas, Uds.	**son** 손	jóvenes. 호베네스.	그들/그녀들/당신들은 젊다. 특징/자질

Soy español.
소이　에스빠뇰.
나는 스페인 사람이야.

¿De dónde eres?
데　돈데　에레스?
너는 어디 출신이니?

Soy de Corea.
소이　데　꼬레아.
나는 한국 출신이야.

● 평서문과 의문문

(Yo) Soy coreano/a. 나는 한국 사람이다. (요)　소이　꼬레아노/꼬레아나. (주어) + 동사 + 기타 어휘	¿Eres (tú) coreano/a? 너는 한국 사람이니? 에레스　(뚜)　꼬레아노/꼬레아나? ¿동사 + (주어) + 기타 어휘?

의문문은 평서문에서 주어와 동사의 순서를 바꾸거나 평서문의 억양을 올리는 것으로 충분합니다.

¿Eres (tú) Miguel? 네가 미겔이니?
에레스　(뚜)　미겔?

¿Miguel es profesor? 미겔은 선생님입니까?
미겔　　　에스 쁘로페소르?

● 부정문

동사 앞에 no를 첨가합니다.

A ¿Eres Carmen Santos? 네가 까르멘 산또스니?
에레스　까르멘　산또스?

B Sí, soy yo. 응, 나야.
씨, 소이 요.

C No, **no** soy Carmen. 아니, 난 까르멘이 아니야.
노, 노 소이 까르멘.

A ¿**No** eres Elena? 네가 엘레나가 아니니?
노　에레스 엘레나?

B Sí, soy Elena. 응, 내가 엘레나야.
씨, 소이 엘레나.

C No, **no** soy Elena. 아니, 난 엘레나가 아니야.
노, 노 소이 엘레나.

● 의문사 Dónde

질문	대답
¿De dónde + ser 동사 (+ 주어)? (~은/는) 어느 나라 사람입니까? (= 고향이 어디예요?)	(주어 +) **ser** + **de** + 지명 (또는 국적 형용사) ~ 출신입니다.
• ¿De dónde eres? 너는 고향이 어디니? 　데　돈데　에레스?	• Soy de Seúl. 나는 서울 출신이야. 　소이　데　세울.
• ¿De dónde sois? 너희들은 어느 나라 사람이니? 　데　돈데　소이스? 이 경우 de는 영어의 from과 같은 기능을 하며, 질문 시 de의 위치에 주의해야 합니다.	• Somos españoles. (= Somos de España). 　소모스　에스빠뇰레스　(= 소모스　데　에스빠냐). 우린 스페인 사람이야.

¡Hola! Soy Bora.

Soy Miguel.
Encantado.

Bora	**¡Hola! Soy Bora.** 올라! 소이 보라.
Miguel	**Soy Miguel.** 소이 미겔.
Bora	**¿Eres estudiante de español?** 에레스 에스뚜디안떼 데 에스빠뇰?
Miguel	**Sí, ¿y tú?** 씨, 이 뚜?
Bora	**Yo también soy estudiante de español.** 요 땀비엔 소이 에스뚜디안떼 데 에스빠뇰.
Miguel	**Encantado.** 엔깐따도.
Bora	**Encantada.** 엔깐따다.

보라	안녕! 나는 보라야.
미겔	나는 미겔이야.
보라	너는 스페인어(를 공부하는) 학생이니?
미겔	응, 너는?
보라	나 역시 스페인어(를 공부하는) 학생이야.
미겔	만나서 반가워.
보라	만나서 반가워.

주의
- 특히 주어가 나(yo), 너(tú), 우리들 (nosotros/as), 너희들(vosotros /as)일 때는 인칭 대명사를 생략합니다.
- Encantado/a: 말하는 사람의 성별에 맞게 선택하며, 유사 표현으로 mucho gusto가 있습니다.

대화 TIP

- 긍정의 대답에는 Sí, 부정의 대답에는 No를 사용합니다.

A   **¿Eres coreana?** 넌 한국 사람이니?
에레스   꼬레아나?

B   **Sí, soy coreana.** 응, 난 한국인이야. 　긍정
씨,   소이   꼬레아나.

C   **No, soy francés.** 아니, 난 프랑스 사람이야. 　부정
노,   소이   프란세스.

새 단어 및 표현

estudiante *m.f.* 학생
de ~의
español(a) *m.* 스페인어,
           m.f. 스페인 사람
y 그리고
también ~역시, ~또한
Hola 안녕.
estudiante de español
스페인어(를 공부하는) 학생
Sí. 응.

Soy de Francia.

Soy de Inglaterra.

Soy español.

Tom	¡Hola! Soy Tom. 올라! 소이 톰.	톰	안녕, 난 톰이야.
Miguel	Encantado, Tom. ¿De dónde eres? 엔깐따도, 톰. 데 돈데 에레스?	미겔	반가워, 톰. 넌 어느 나라 사람 이니?
Tom	Soy de Inglaterra. ¿Eres español? 소이 데 잉글라떼르-라. 에레스 에스빠뇰?	톰	난 영국 출신이야. 넌 스페인 사람이니?
Miguel	Sí. Paul, ¿también eres inglés? 씨. 폴, 땀비엔 에레스 잉글레스?	미겔	응. 폴, 너 역시 영국인이니?
Paul	No, no soy inglés. Soy de Francia. 노, 노 소이 잉글레스. 소이 데 프란씨아.	폴	아니, 난 영국인이 아니야. 난 프랑스 출신이야.

대화 TIP

• **No soy inglés.**

　Yo가 생략된 표현으로 no가 주어와 동사 사이에 위치하여 부정문을 만듭니다.

• A　¿Eres inglés?
　　에레스 잉글레스?

　B　No, no soy inglés. Soy de Francia.
　　노, 노 소이 잉글레스. 소이 데 프란씨아.

질문은 형용사(inglés)를 이용했지만 대답은 'de + 지명(de Francia)'의 형식을 취할 수도
있습니다.

새 단어 및 표현

Inglaterra 영국
inglés(a) *m.* 영어, *m.f.* 영국인
Francia 프랑스
¿Eres inglés?
너는 영국 사람이니?
No. 아니.
No soy inglés.
나는 영국 사람이 아니야.
Soy de Francia.
나는 프랑스 출신이야.

국명 | 국적 형용사

아시아

Corea	한국	coreano/a	한국인
		(sur/nor)coreano/a	남한인/북한인
Japón	일본	japonés(a)	일본인
China	중국	chino/a	중국인
Filipinas	필리핀	filipino/a	필리핀인
India	인도	indio/a	인도인
Iraq	이라크	iraquí	이라크인
Turquía	튀르키예	turco/a	튀르키예인

유럽

España	스페인	español(a)	스페인인
Portugal	포르투갈	portugués(a)	포르투갈인
Inglaterra	영국	inglés(a)	영국인
Francia	프랑스	francés(a)	프랑스인
Alemania	독일	alemán(a)	독일인
Rusia	러시아	ruso/a	러시아인

아메리카

Estados Unidos	미국	estadounidense	미국인
Canadá	캐나다	canadiense	캐나다인
México	멕시코	mexicano/a	멕시코인
Argentina	아르헨티나	argentino/a	아르헨티나인
Chile	칠레	chileno/a	칠레인
Perú	페루	peruano/a	페루인
Brasil	브라질	brasileño/a	브라질인

오세아니아

Australia	오스트레일리아	australiano/a	오스트레일리아인

아프리카

Marruecos	모로코	marroquí	모로코인
Egipto	이집트	egipcio/a	이집트인

유용한 표현

Expresiones Útiles

010

만날 때와 헤어질 때

안녕하세요. / 안녕.

Buenos días.
부에노스 디아스.

Buenos días.
부에노스 디아스.

A 안녕하세요. (아침 인사)
B 안녕하세요. (아침 인사)

Buenas tardes.
부에나스 따르데스.

Buenas tardes.
부에나스 따르데스.

A 안녕하세요. (오후 인사)
B 안녕하세요. (오후 인사)

참고
아침과 오후 인사의 경계는 점심 시간으로 약 1시 전후이며, 국가나 지역별로 차이가 있습니다.

Buenas noches.
부에나스 노체스.

Buenas noches.
부에나스 노체스.

A 안녕하세요. (저녁 인사)
B 안녕하세요. (저녁 인사)

주의
아침, 점심, 저녁 인사를 할 때는 "꼭" 복수를 사용해야 합니다.
buena noche (×)

참고
Hola는 가장 일반적인 인사말이며, 안부를 묻는 ¿qué tal?과 함께 쓸 수 있습니다.

A Hola. 올라. 안녕?
B Hola. 올라. 안녕?

A Hola. 올라. 안녕?
B ¿Qué tal? 께딸? 어떻게 지내?

안녕히 가세요. / 잘 가.

Hasta luego.
아스따 루에고.

Adiós.
아디오스.

Chao.
차오.

A 잘 가. / 안녕히 가세요.
B 잘 가. / 다음에 또 봐요.
C 잘 가. / 안녕히 가세요.

문법 1 빈칸에 알맞은 주어를 써 보세요.

(1) _____

(2) _____

(3) _____

(4) _____

(5) _____

(6) _____

2 빈칸에 알맞은 Ser 동사를 써 보세요.

(1) Ellos _____ españoles.

(2) Carmen y yo _____ estudiantes.

(3) Miguel y José _____ estudiantes.

(4) Vosotros _____ coreanos.

3 다음 인사말을 알맞게 연결하세요.

(1) ¡Hola! ¿Qué tal?　　　　　　•　　　　　• ① Adiós.

(2) Soy Bora Kim, mucho gusto. •　　　　　• ② Encantado.

(3) Hasta luego.　　　　　　　•　　　　　• ③ ¡Hola!

● 녹음을 듣고 어느 나라 사람인지 써 보세요.

011

| Modelo | Bora | | Bora es de Corea. / Bora es coreana. |

(1) Xue Li

_____

_____

(2) Kate

_____

_____

(3) Tomoko y Yuichi

_____

_____

(4) Miguel y Carmen

_____

_____

읽기 ● 다음 대화에 들어갈 말을 선택하세요.

Bora	Hola, Miguel. Encantada.
Miguel	(1) _____ (2) _____
Bora	Soy coreana. ¿Eres italiano?
Miguel	No, (3) _____

(1) ① Mucho gusto. ② ¿Qué tal?
 ③ Gracias. ④ Hasta luego.

(2) ① ¿Qué tal? ② ¿De dónde eres?
 ③ Soy español. ④ ¿Eres estudiante?

(3) ① mucho gusto. ② gracias.
 ③ soy español. ④ soy estudiante.

스페인어권 지역의 인사법

스페인어권 지역에서는 만날 때나 헤어질 때 인사말과 함께 행동이 뒤따르는데, 보통 남성들끼리는 악수를 하지만 가족이라면 뺨에 입을 맞추기도 합니다. 여성들끼리 혹은 남성과 여성 사이에서는 입맞춤이 일반적입니다. 그러나 사실은 입맞춤이라기보다는 뺨을 마주 맞대는 것이기 때문에 '공기 뽀뽀'로 불리기도 합니다.

스페인에서는 양쪽 뺨을 모두 번갈아 마주 대므로 dos besos 도스 베소스 혹은 besitos 베시또스로 불리고 중남미 대부분의 국가에서는 한 번에 그칩니다. 가까운 사이가 되거나 가족 간에는 실제로 뺨에 뽀뽀를 하며, 새로운 사람을 소개 받았을 때에도 인사를 나누며 '베시또'를 합니다. 보통은 연장자나 남성이 먼저 다가서며, 중남미 일부 국가에서는 가족이 아닌 남성들 간에도 뺨을 마주 대기도 합니다.

한국인에게 일반적인 인사법이 아니기 때문에 어색할 수도 있지만 몸을 뒤로 빼는 행동은 바람직하지 않으며, 악수와 같은 신체 접촉의 일종으로 받아들이면 됩니다.

아침, 점심, 저녁 인사말인 Buenos días 부에노스 디아스, Buenas tardes 부에나스 따르데스, Buenas noches 부에나스 노체스의 경우, 영어와 달리 모두 복수의 형태이고 Bueno가 día, tarde, noche를 앞에서 수식하고 있습니다. 그러나 día는 '아침'이 아니라 '날, 낮'을 의미하므로 좋은 하루를 기원하는 인사말인 셈입니다. 주의할 것은 día의 어미가 -a이므로 여성 명사 같지만 남성 명사라는 사실입니다. 그러므로 아침 인사만 Buenos로 수식되는 것입니다. 반면 각각 '오후'와 '밤'을 뜻하는 tarde와 noche는 모두 여성 명사입니다.

헤어질 때 인사말인 Hasta luego 아스따 루에고(다음에 만나요)는 그 형태가 무궁무진합니다. Hasta는 영어 until에 해당하는 전치사로서 시간이나 때를 나타내는 표현들과 어울려 다양한 인사말을 만들어 낼 수 있기 때문입니다. 예를 들어, Hasta el martes 아스따 엘 마르떼스(화요일에 봐요), Hasta la semana que viene 아스따 라 세마나 께 비에네(다음 주에 봐요), Hasta ahora 아스따 아오라(조금 이따가 봐요) 등 활용할 수 있는 표현은 매우 많습니다.

¿Cómo estás?

- Estar 동사

- ¿Cómo estás/está?

- Ser 동사와 Estar 동사의 비교

- Ser/Estar 동사에 따라 의미가 변하는 형용사

Cómo está usted?
꼬모   에스따 우스뗏?
어떻게 지내세요?

Estoy muy bien.
에스또이 무이   비엔.
난 잘 지내요.

● Estar 동사

Estar 동사는 '~한 상태이다', '~이다'의 의미로, 건강, 기분, 감정 등 주어의 일시적인 육체적·정신적 상태, 사물의 일시적 상태를 나타냅니다.

주어	Estar 동사 변형	주어	Estar 동사 변형
yo	**estoy** 에스또이	nosotros/as	**estamos** 에스따모스
tú	**estás** 에스따스	vosotros/as	**estáis** 에스따이스
él, ella, Ud.	**está** 에스따	ellos, ellas, Uds.	**están** 에스딴

A ¿Comó estás hoy? 너 오늘은 어때?
　　꼬모　　　에스따스 오이?

B Estoy un poco cansado. 조금 피곤해.
　　에스또이 운 뽀꼬　　　깐사도.

La casa está sucia. 집이 지저분하다.
라 까사　　에스따 수씨아.

La puerta está abierta. 문이 열려 있다.
라 뿌에르따　에스따 아비에르따.

● ¿Cómo estás/está?

의문사 Cómo를 이용한 인사말입니다. Ser 동사가 아닌 일시적인 상태를 나타내는 Estar 동사를 사용하여 안부를 묻습니다.

친한 사이, 비형식적 인사

A ¿Cómo estás (tú)? 어떻게 지내니?
　　꼬모　　　에스따스 (뚜)?

B Estoy bien, (gracias), ¿y tú? 잘 지내, (고마워), 너는?
　　에스또이 비엔,　（그라시아스),　이 뚜?

A Muy bien, (gracias). 아주 좋아, (고마워).
　　무이　비엔,　（그라시아스).

정중한 인사

A ¿Cómo está uested, profesor Kim? 어떻게 지내세요, 김 선생님?
　　꼬모　　　에스따 우스뗏,　　쁘로페소르　킴?

B Estoy bien, (gracias), ¿y usted? 잘 지내요, (고마워요), 당신은요?
　　에스또이 비엔,　（그라시아스),　이 우스뗏?

A Bien, (gracias). 잘 지내요, (고맙습니다).
　　비엔,　（그라시아스).

Eres muy alegre.
에레스 무이 알레그레.
너는 무척 명랑해.

No, hoy no estoy alegre.
노, 오이 노 에스또이 알레그레.
아니야, 오늘은 즐겁지 않아.

● Ser 동사와 Estar 동사 비교

Ser (지속적, 한결같은 특성)		Estar (일시적, 변화하는 상태)	
사람의 성격, 국적, 직업, 색	Julia **es** alegre. 훌리아는 쾌활하다. 훌리아 에스 알레그레. Julia **es** de Perú. **Es** peruana. 훌리아 에스 데 뻬루. 에스 뻬루아나. 훌리아는 페루인이다. Julia **es** periodista. 훌리아는 기자이다. 훌리아 에스 뻬리오디스따. El pelo de Julia **es** negro. 엘 벨로 데 훌리아 에스 네그로. 훌리아의 머리카락은 검은색이다.	사람의 건강이나 정신 상태	Hoy **está** cansada. (훌리아는) 오늘 피곤하다. 오이 에스따 깐사다. Hoy no **está** alegre. **Está** triste. 오이 노 에스따 알레그레. 에스따 뜨리스떼. (훌리아는) 오늘 명랑하지 않다. 우울하다. Hoy no **está** bien. 오이 노 에스따 비엔. (훌리아는) 오늘 (컨디션이) 좋지 못하다.
사물의 특성	El hielo **es** frío. 얼음은 차갑다. 엘 이엘로 에스 프리오.	사물의 특성	Este café **está** frío. 이 커피는 차갑다. 에스떼 까페 에스따 프리오.

> **주의**
> Julia es guapa. vs. Julia está guapa.
> 모두 '훌리아는 예쁘다'를 뜻하지만 전자는 훌리아의 특성, 즉 원래 예쁜 얼굴임을 가리키는 것이고, 후자는 그것과 상관없이 그 순간 그녀의 상태가 예쁘다는 것을 뜻합니다. 그러므로 후자는 보통 외모에 변화를 주었을 때 사용합니다.

● Ser/Estar 동사에 따라 의미가 변하는 형용사

Ser		Estar	
	bueno/a 부에노/부에나 착하다, 우수하다 malo/a 말로/말라 나쁘다, 못되다 listo/a 리스또/리스따 똑똑하다 rico/a 리꼬/리까 부유하다, 풍부하다 aburrido/a 아부ㄹ-리도/아부ㄹ-리다 지겹다, 재미없다		bueno/a 맛있다, 건강하다 malo/a 아프다 listo/a 준비가 되다 rico/a 맛있다 aburrido/a 심심하다, 지루하다

Este perro es muy malo. 이 개는 아주 못됐어.
에스떼 뻬로 에스 무이 말로.

Mi padre está malo. 나의 아버지는 편찮으시다.
미 빠드레 에스따 말로.

Este libro es aburrido. 이 책은 지겹다.
에스떼 리브로 에스 아부ㄹ-리도.

Estoy aburrida. 나 심심해.
에스또이 아부ㄹ-리도.

> **주의**
> 모든 형용사가 ser 동사냐 estar 동사냐에 따라 의미가 달라지는 것은 아닙니다. 일부만이 동사를 바꿔 사용할 수 있으며, 나머지는 둘 중 하나의 동사와만 사용됩니다. 보통 건강이나 기분을 나타내는 형용사는 estar와 사용됩니다.

Estás muy guapa.

Yo soy guapa.

Bora	Hola, Miguel. ¿Cómo estás? 올라, 미겔. 꼬모 에스따스?
Miguel	Estoy muy bien, ¿y tú? 에스또이 무이 비엔, 이 뚜?
Bora	Estoy un poco cansada. 에스또이 운 뽀꼬 깐사다.
Miguel	¿Cansada? Pero estás muy guapa hoy. 깐사다? 뻬로 에스따스 무이 구아빠 오이.
Bora	Yo soy guapa, Miguel. 요 소이 구아빠, 미겔.
Miguel	Jajaja... bueno, eres una chica muy guapa. 하하하… 부에노, 에레스 우나 치까 무이 구아빠.

보라	안녕, 미겔. 어떻게 지내니?
미겔	난 아주 잘 지내. 너는?
보라	조금 피곤해.
미겔	피곤해? 하지만 오늘 너 무척 예쁜걸.
보라	난 원래 예뻐, 미겔.
미겔	하하하… 그래, 넌 아주 예쁜 소녀야.

새 단어 및 표현

cómo 어떻게, 어떠한
muy 아주, 무척
bien 잘
un(a) 부정관사
un poco 조금
cansado/a 피곤한, 지친
pero 그러나
hoy 오늘
guapo/a 잘생긴, 예쁜
bueno/a 좋은
¿Cómo estás? 어떻게 지내니?
Estoy un poco cansada.
조금 피곤해.

대화 TIP

- **Estoy cansada** 에스또이 깐사다: 주어가 여성이므로 형용사 cansada는 주어의 성별에 일치해야 합니다.

- **Bueno** 부에노: 대화에서 긍정적인 답변으로 쓰입니다.

- **Eres una chica muy guapa** 에레스 우나 치까 무이 구아빠: 동사 이후 '부정관사(una) + 명사(chica) + 수식어구(muy guapa)'의 순으로 구성되어 있습니다. 즉, 수식어가 명사를 뒤에서 수식하고 있음에 유의해야 합니다.

¿Cómo está usted?

Estoy muy bien, gracias, ¿y tú?

Miguel	**Buenas tardes, profesora.** 부에나스　　따르데스,　　쁘로페소라. **¿Cómo está usted?** 꼬모　　에스따　우스뗏?
Profesora	**Estoy muy bien, gracias, ¿y tú?** 에스또이　무이　비엔,　그라시아스,　이　뚜?
Miguel	**No estoy muy bien. Estoy preocupado por** 노　에스또이　무이　비엔.　에스또이　쁘레오꾸빠도　　뽀르 **el examen.** 엘　엑사멘.
Profesora	**¡Ánimo! Eres un estudiante muy bueno.** 아니모!　에레스　운　에스뚜디안떼　무이　부에노.
Miguel	**Gracias, profesora. Hasta luego.** 그라시아스,　쁘로페소라.　아스따　루에고.
Profesora	**Hasta luego, Miguel.** 아스따　루에고,　미겔.

미겔	안녕하세요, 선생님. 어떻게 지내세요?
선생님	나는 잘 지내. 고마워. 너는 어떻게 지내니?
미겔	아주 잘 지내진 않아요. 시험 때문에 걱정이에요.
선생님	기운 내! 넌 아주 좋은 학생이 잖아.
미겔	고맙습니다, 선생님. 나중에 봐요.
선생님	잘 가렴, 미겔.

대화 TIP

- **¡Ánimo!** 아니모!: 상대방을 위로하거나 기운을 북돋을 때 쓰는 표현으로 이에 대한 대답은 gracias가 적당합니다.

- **Eres un estudiante muy bueno** 에레스 운 에스뚜디안떼 무이 부에노: 주어가 남학생이므로 수식어인 muy bueno가 남성형입니다. 앞에서 보았다시피 muy bueno가 뒤에서 estudiante를 수식하고 있습니다.

새 단어 및 표현

profesor(a) *m.f.* 선생님
preocupado/a 걱정스러운
por ~때문에
el/la 정관사
examen *m.* 시험
Buenas tardes. 안녕하세요. (오후 인사)
Gracias. 고마워요.
¡Ánimo! 힘내라! 기운 내!
Hasta luego. 안녕. / 안녕히 가세요.

추가 단어

Más Vocabulario

● **Estar 동사와 함께 쓰여 건강이나 기분 등의 상태를 나타내는 형용사들**

enfermo/a	**bueno/a**	**alegre**	**triste**	**limpio/a**	**sucio/a**
아픈, 병에 걸린	건강한	즐거운	슬픈	깨끗한	지저분한, 더러운

feliz	**cansado/a**	**preocupado/a**	**aburrido/a**
행복한	피곤한	걱정스러운	심심한

● **Ser 동사와 함께 쓰여 성격이나 외모 등을 나타내는 형용사들**

bueno/a	**malo/a**	**alto/a**	**bajo/a**	**alegre**	**serio/a**	**rico/a**	**pobre**
착한	나쁜	키 큰	키 작은	쾌활한	심각한	부유한	가난한

joven	**mayor, anciano/a**	**simpático/a, amable**	**antipático/a**	**guapo/a, bonito/a, lindo/a**	**feo/a**
젊은	늙은	상냥한, 친절한	불친절한, 심술궂은	예쁜, 잘생긴	못생긴

> **주의**
> lindo/a (예쁜, 잘생긴) 는 주로 중남미 지역에서 많이 사용됩니다.

안부 인사에 대한 다양한 대답

잘 지내요.

¿Comó estás?
꼬모   에스따스?

Estoy bien.
에스또이 비엔.

A 어떻게 지내?
B 잘 지내.

B의 기타 표현

Estoy perfectamente. 더할 나위 없어.
에스또이 뻬르펙따멘떼.

¡Estupendo! 최고야!
에스뚜뻰도!

잘 못 지내요.

¿Comó estás?
꼬모   에스따스?

Estoy mal.
에스또이 말.

A 어떻게 지내?
B 잘 못 지내.

B의 기타 표현

No estoy muy bien.
노   에스또이 무이   비엔.
별로 잘 지내지 않아.

¡Fatal! 최악이야!
파딸!

그럭저럭 지내요., 늘 그렇죠 뭐.

¿Comó estás?
꼬모   에스따스?

Como siempre.
꼬모   시엠쁘레.

A 어떻게 지내?
B 여느 때와 같아.

B의 기타 표현

Así así. 그럭저럭 지내.
아씨 아씨.

= Regular.
레굴라르.

= Más o menos
마스 오 메노스.

문법

1 보기와 같이 주어진 단어들과 Estar 동사로 다음 문장을 완성하세요.

triste	limpio/a	sucio/a	resfriado/a

Modelo

Bora **está resfriada**.

(1)

Los platos _____.

(2)

Carmen _____.

(3)

La ventana _____.

★ triste 슬픈 | limpio/a 깨끗한 | sucio/a 더러운 | resfriado/a 감기 걸린 | plato *m.* 접시 | ventana *f.* 창문

2 주어진 단어들로 다음 문장을 완성하세요.

frío/a	bonito/a	rápido/a

(1)

Las flores son _____.

(2)

La nieve es _____.

(3)

El avión es _____.

★ frío/a 차가운 | bonito/a 예쁜 | rápido/a 빠른 | flor *f.* 꽃 | nieve *f.* 눈 | avión *m.* 비행기

3 다음 단어들을 연결하여 문장을 완성하세요.

(1) Los abuelos •   • ① es   • ⓐ abierta.

(2) El profesor •   • ② está   • ⓑ amable.

(3) La casa •   • ③ son   • ⓒ enfermos.

(4) La puerta •   • ④ están   • ⓓ bonita.

★ abuelo/a *m.f.* 할아버지, 할머니 | casa *f.* 집 | puerta *f.* 문 | abierto/a 열린 | amable 상냥한 | enfermo/a 아픈

듣기 ● 녹음을 듣고 질문에 답하세요.

(1) Julia의 외모의 특징은 무엇인가요?

① 키가 크다   ② 예쁘다   ③ 키가 작다   ④ 백인이다

(2) Julia의 근황이 어떤가요?

① 아프다   ② 바쁘다   ③ 걱정하고 있다   ④ 잘 지낸다

읽기 ● 다음 대화에 들어갈 말을 선택하세요.

| soy | eres | es | estoy | estás | está | bueno/a | bien |

(1) Bora   Hola, Miguel. ¿Cómo _____?

Miguel   _____ _____, gracias, ¿y tú?

Bora   Muy bien.

(2) Profesor A   Buenos días, profesor. ¿Cómo _____ _____?

Profesor B   _____ _____, gracias, ¿y usted?

Profesor A   Muy bien, gracias.

스페인어권 사람들 이름의 특징

스페인어권 지역에서는 보통 아버지와 어머니의 성을 모두 사용합니다. 부모나 조부모의 이름을 물려받거나 아니면 새로 지은 이름 하나만을 사용하기도 하지만 종교의 영향으로 María 마리아나 José 호세 등 성경 속 인물들의 이름을 삽입하여 이름이 두 개가 되는 경우도 많습니다. 일례로, José Ruiz Blasco 호세 루이쓰 블라스꼬와 María Picasso y López 마리아 피카소 이 로뻬쓰 부부에게서 태어난 아들이 Pablo Ruiz Picasso 빠블로 루이쓰 피카소입니다. Pablo(이름) + Ruiz(아버지 성) + Picasso(어머니 성)인 셈입니다. 한편, 귀족 출신이라면 대대로 내려오는 영지의 이름까지 덧붙여 훨씬 긴 이름이 될 것입니다.

이름이 매우 중요한 역할을 하는 연예인이나 정치인은 정식 이름보다는 두 개의 성에서 하나만 선택하여 간략하게 사용함으로써 대중이 쉽게 기억하도록 하기도 합니다. 앞에서 언급한 피카소의 경우처럼 성을 선택할 때 반드시 아버지의 것만을 고수하지는 않습니다.

이렇게 긴 이름이 극명하게 나타나는 경우가 편지 수취인을 적을 때입니다. 성과 이름에다 여러 호칭어가 붙기 때문에 위 삽화와 같이 수취인명을 길게 작성하기도 합니다. 이름 앞에 여러 호칭어가 붙는데, 성인이라면 누구나 사용하는 세뇨르(Sr./Señor), 세뇨라(Sra./Señora), 세뇨리따(Srta./Señorita)와 돈(D./Don), 도냐(Dª./Doña) 외에도 후천적으로 획득하게 되는 교수(profesor(a)), 회장(presidente/a), 박사(doctor(a)) 등도 추가하기 때문입니다. 이러한 호칭어를 잘 사용하는 것도 올바른 언어 예절입니다.

03 ¿Cómo te llamas?

동영상 강의

- Llamarse 동사
- Muy & Mucho
- 정관사 & 부정관사
- ¿Cómo + ser 동사 (+ 주어)?

Cómo te llamas?
꼬모   떼 야마스?
이름이 뭐니?

Me llamo Carmen.
메   야모   까르멘.
까르멘이야.

● Llamarse 동사

yo	**me llamo** 메 야모		(Yo) Me llamo Minsu Cha. 내 이름은 차민수이다.
tú	**te llamas** 떼 야마스		(Tú) Te llamas Minsu Cha. 너의 이름은 차민수이다.
él, ella, Ud.	**se llama** 세 야마		(Él, Ella, Ud.) Se llama Minsu Cha. (그/그녀/당신의) 이름은 차민수이다.
nosotros/as	**nos llamamos** 노스 야마모스	+ 이름	Nos llamamos Minsu y Bora. 우리의 이름은 민수와 보라이다.
vosotros/as	**os llamáis** 오스 야마이스		Os llamáis Minsu y Bora. 너희의 이름은 민수와 보라이다.
ellos, ellas, Uds.	**se llaman** 세 야만		Se llaman Minsu y Bora. 그들의 이름은 민수와 보라이다.

> **질문법**   **¿Cómo + te llamas (se llama) + 주어?** (너는/당신은) 이름이 어떻게 되세요?

의문사 Cómo(어떻게, 어떠한)를 이용하여 이름을 묻습니다.

A ¿Cómo **te llamas** (tú)? 너는 이름이 어떻게 되니?
    꼬모   떼 야마스   (뚜)?

A ¿Cómo **se llama** usted? 당신은 이름이 어떻게 됩니까?
    꼬모   세 야마   우스뗏?

B **Me llamo** Bora Kim. 내 이름은 김보라야.
    메   야모   보라 킴.

B **Me llamo** Miguel. 내 이름은 미겔이에요.
    메   야모   미겔.

A ¿**Se llama** usted Minsu? 당신의 이름이 민수입니까?
    세   야마   우스뗏   민수?

B No, **no me llamo** Minsu. 아니요. 내 이름은 민수가 아닙니다.
    노, 노 메 야모   민수.

● Muy & Mucho

mucho/a/os/as + 명사	Es **mucho** dinero. ~은 많은 돈이다. 에스 무초 디네로. **Muchas** chicas son amables. 많은 소녀들이 상냥하다. 무차스 치까스 손 아마블레스.
동사 + mucho	Nosotros comemos **mucho**. 우린 많이 먹는다. 노소뜨로스 꼬메모스 무초.
muy + 형용사, 부사	Mi madre está **muy** cansada. 나의 어머니는 매우 지치셨다. 미 마드레 에스따 무이 깐사다.

Es guapa y muy buena.
에스 구아빠   이 무이   부에나.
예쁘고 굉장히 착해.

¿Cómo es la chica alta?
꼬모   에스 라 치까   알따?
키 큰 여자애는 어때?

● 정관사 & 부정관사

	정관사		부정관사	
	단수	복수	단수	복수
남성	**el** el profesor	**los** los estudiantes	**un** un libro	**unos** unos libros
여성	**la** la profesora	**las** las estudiantes	**una** una casa	**unas** unas casas

정관사

앞에서 이미 언급되었거나 알고 있거나 특정한 명사 앞에 쓰입니다. 또한 종류 전체를 가리킵니다.

Ella es la profesora. 그녀는 (그) 선생님이다.
에야   에스 라 쁘로페소라.

La capital de Corea es Seúl. 한국의 수도는 서울이다.
라 까삐딸   데 꼬레아   에스 세울.

Las rosas son bonitas. 장미는 예쁘다.
라스   로사스   손   보니따스.

> **주의**
> él 그 (남자) / el 정관사 남성 단수형

부정관사

처음 언급되거나 불특정한 명사 앞에 쓰입니다. 또한 수적인 의미가 있어 '하나의(un, una)' 혹은 '여럿의(unos, unas)'를 뜻합니다.

Él es un profesor de mi escuela. 그는 우리 학교의 (한) 선생님이다.
엘 에스 운   쁘로페소르   데 미   에스꾸엘라.

Es una chica alta. 그녀는 (한) 키 큰 소녀이다.
에스 우나   치까   알따.

Un ticket, por favor. 표 한 장 주세요.
운   띠껫,   뽀르 파보르.

> **참고**
> Ser 동사가 직업이나 국적을 나타낼 경우 부정관사를 사용하지 않습니다.
> ⓔ Marta es ~~una~~ estudiante.
> 마르따는 학생이다.
> Manuel ~~es~~ un peruano.
> 마누엘은 페루인이다.

● ¿Cómo + ser 동사 (+ 주어)?

Cómo는 안부를 묻는 것 외에도 Ser 동사와 함께 쓰여 주어의 내적·외적 특성과 자질에 대해 묻습니다.

¿Cómo es tu casa? 네 집은 어떻니? (= 어떻게 생겼니?)
꼬모   에스 뚜   까사?

¿Cómo eres tú? 너는 어떤 애니?
꼬모   에레스 뚜?

¿Cómo se llama usted?

Me llamo Nacho Molina.

Profesora | **Hola, buenos días.**
올라, 부에노스 디아스.

Nacho | **Buenos días. Soy su nuevo vecino.**
부에노스 디아스. 소이 수 누에보 베씨노.

Profesora | **Mucho gusto. ¿Cómo se llama usted?**
무초 구스또. 꼬모 세 야마 우스뗏?

Nacho | **Me llamo Nacho Molina. Encantado.**
메 야모 나초 몰리나. 엔깐따도.

Profeosra | **Soy Elena Santos. Su padre es alto y**
소이 엘레나 산또스. 수 빠드레 에스 알또 이

delgado, ¿no?
델가도, 노?

Nacho | **Sí, así es.**
씨, 아씨 에스.

선생님	안녕하세요.
나초	안녕하세요. 저는 당신의 새로운 이웃입니다.
선생님	만나서 반가워요. 성함이 어떻게 되시나요?
나초	제 이름은 나초 몰리나입니다. 만나서 반갑습니다.
선생님	저는 엘레나 산또스입니다. 당신의 아버님은 키가 크고 마르셨죠, 그렇죠?
나초	네, 그렇습니다.

새 단어 및 표현

su 그의, 그녀의, 당신의
nuevo/a 새로운
vecino/a *m.f.* 이웃
llamarse 이름이 ~이다
padre *m.* 아버지
alto/a 키 큰
delgado/a 마른
así 그렇게, 그래서
Mucho gusto. (= Encantado/a)
만나서 반갑습니다.
¿Cómo se llama usted?
성함이 어떻게 되세요?
Así es. 그렇습니다.

대화

• **su** 수: 소유사로서 '그의, 그녀의, 당신의' 를 뜻합니다.

• **¿no?** 노?: 말 끝에 붙여 상대방에게 동의를 구할 때 사용합니다.

¿Cómo es su hermano?

Es responsable y amable.

Miguel	**Antonio, ¿cómo se llama la chica alta?**
	안또니오, 꼬모 세 야마 라 치까 알따?
Antonio	**Se llama María. Es una chica de mi clase**
	세 야마 마리아. 에스 우나 치까 데 미 끌라세
	de inglés.
	데 잉글레스.
Miguel	**Es muy guapa, ¿no?**
	에스 무이 구아빠, 노?
Antonio	**Sí, y es muy inteligente. Su hermano es**
	씨, 이 에스 무이 인뗄리헨떼. 수 에르마노 에스
	profesor de español.
	쁘로페소르 데 에스빠뇰.
Miguel	**¿Cómo es?**
	꼬모 에스?
Antonio	**Es responsable y amable. Es un profesor**
	에스 레스본사블레 이 아마블레. 에스 운 쁘로페소르
	muy bueno.
	무이 부에노.

미겔	안또니오, 키 큰 여자애 이름이 뭐야?
안또니오	마리아라고 해. 내 영어 수업의 여자애들 중 하나야.
미겔	아주 예쁘네, 안 그래?
안또니오	응, 그리고 머리도 좋아. 그녀의 오빠는 스페인어 선생님이야.
미겔	어떤 사람인데?
안또니오	책임감있고 상냥해. 아주 좋은 선생님이야.

대화 TIP

- 스페인어(과목의) 선생님: profesor(a) de español 쁘로페소르(라) 데 에스빠뇰
  스페인인 선생님: profesor(a) español(a) 쁘로페소르(라) 에스빠뇰(라)

- 언어명은 항상 남성 명사: coreano, 꼬레아노, español, 에스빠뇰, inglés 잉글레스

- 명사와 성과 수를 맞춘 형용사는 보통 그 뒤에서 수식합니다.
  el chico alto 엘 치꼬 알또 / la chica alta 라 치까 알따
  los profesores altos 로스 쁘로페소레스 알또스 /
  las profesoras altas 라스 쁘로페소라스 알따

새 단어 및 표현

mi 나의
clase *f.* 교실, 수업
inteligente 똑똑한
hermano/a *m.f.* 형제, 자매
responsable 책임감 있는
amable 상냥한, 친절한
¿Cómo es? 어떤 사람이야?

● **가족 관계 명칭**

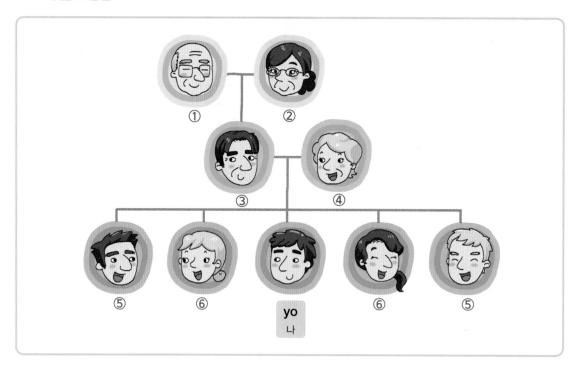

yo
나

① **abuelo**   *m.* 할아버지
② **abuela**   *f.* 할머니
③ **padre, papá**   *m.* 아버지, 아빠
④ **madre, mamá**   *f.* 어머니, 엄마
⑤ **hermano**   *m.* 형제
⑥ **hermana**   *f.* 자매

marido   *m.* 남편 (= esposo)
mujer   *f.* 부인 (= señora, esposa)
hijo/a   *m.f.* 아들, 딸
primo/a   *m.f.* 사촌
tío/a   *m.f.* 나와 삼촌 관계의 남성이나 여성 (이모, 외숙모, 큰아버지, 삼촌, 고모부…)
sobrino/a   *m.f.* 조카
nieto/a   *m.f.* 손자, 손녀

abuelos   조부모
padres   부모
tíos   삼촌들, 이모들, 삼촌 내외 등
hermanos   형제들

> **주의**
> · 스페인에서는 mujer가 '여자' 외에 '부인'을 뜻하기도 합니다.
>   Señora, esposa도 '부인'을 뜻합니다. 그러나 중남미에서
>   mujer는 '여자'만을 뜻합니다.
> · hermano/a '형제, 자매'에서 mayor (더 나이 많은),
>   menor (더 어린)를 붙이면 형, 언니, 남동생/여동생이 됩니다.
>   예 hermano menor 남동생
>   hermana mayor 언니, 누나

다양한 상황에서의 인사말

감사합니다.

(Muchas) Gracias.
(무차스)　그라씨아스.

De nada.
데　나다.

A　(정말) 감사합니다.
B　천만에요.

실례합니다.

¡Perdón!
뻬르돈!

No importa.
노　임뽀르따.

A　실례합니다. / 미안해요.
B　괜찮아요.

B의 기타 표현

No pasa nada. 아무렇지 않아요.
노　빠사　나다.

참고

이 외에 tú를 쓰는 상대에겐 Perdona를,
usted으로 부르는 상대에겐 Perdone
를 씁니다.

만나서 반갑습니다.

Encantado/a.
엔깐따도/다.

Mucho gusto.
무초　구스또.

A　만나서 반갑습니다.
B　만나 뵙게 돼서 기쁩니다.

환영합니다.

¡Bienvenido/a!
비엔베니도/다!

Salida

Gracias.
그라씨아스.

A　환영합니다.
B　감사합니다.

주의

환영 인사 Bienvenido/a/os/as는
상대방의 성과 수에 맞게 말해야 합니다.

Miguel　Bienvenida a España.
　　　　스페인에 온 것을 환영해.

Bora　Gracias, Miguel.
　　　 고마워, 미겔.

문법

1 상대에게 이름을 물어보세요.

(1)　(2)　(3)　(4)

2 다음은 직업이나 사람을 나타내고 있습니다. 성별을 바꿔 보세요.

(1) un chico coreano

→ _____

(2) un doctor inglés

→ _____

(3) una pianista española

→ _____

(4) un estudiante de español

→ _____

★ chico/a *m.f.* 젊은이, 소년/소녀 ｜ doctor(a) *m.f.* 의사, 박사 ｜ pianista *m.f.* 피아니스트

3 단어 왼쪽에 들어갈 수 있는 관사를 오른쪽 상자에서 모두 고르세요.

(1) _____ hermanas

(2) _____ ciudad

(3) _____ artista

(4) _____ francés

(5) _____ clientes

(6) _____ niña

el	un
la	una
los	unos
las	unas

★ ciudad *f.* 도시 ｜ artista *m.f.* 예술가 ｜ cliente/a *m.f.* 손님 ｜ niño/a *m.f.* 어린이

4 다음 빈칸에 el, la, los, las 중 알맞은 것을 넣으세요.

(1) _____ padres de Juan son policías.

(2) _____ tabaco es muy malo.

(3) _____ inglesas son altas.

(4) ¿Cómo se llama _____ presidente de Corea?

★ policía *m.f.* 경찰 ｜ tabaco *m.* 담배 ｜ presidente/a *m.f.* 대통령, 회장

듣기 ● 녹음을 듣고 질문에 답하세요.

0021

(1) ¿Cómo se llama el padre de Ana?

① Pedro   ② Manuel   ③ Javier   ④ Alfonso

(2) Alfonso는 누구인가요?

① el hermano de Ana   ② la hermana de Ana

③ el padre de Ana   ④ la madre de Ana

읽기 ● 다음 그림을 보고 보기 와 같이 문장을 완성하세요.

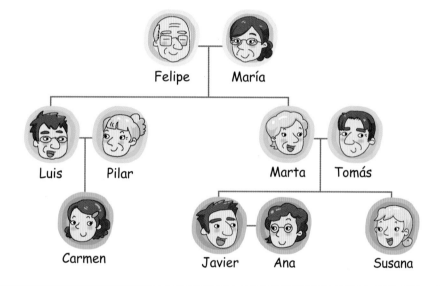

Modelo   El hijo de Felipe es Luis.

(1) _____ de Marta se llama Felipe.

(2) _____ de Marta se llama Luis.

(3) _____ de Luis se llama Carmen.

(4) _____ de Javier se llama María.

0Capítulo **03**   53

문화 INSIGHT

스페인에 대한 토막 상식!

지리와 인구

스페인은 유럽 대륙 서쪽 끝의 이베리아(Iberia) 반도에 포르투갈과 함께 위치하고 있습니다. 서쪽엔 포르투갈, 북쪽엔 프랑스와 국경이 맞닿아 있으며 남쪽으로는 지중해 너머로 모로코가 보입니다. 서유럽에서 프랑스 다음으로 넓은 스페인의 국토 면적은 남한의 약 5배에 달하며 약 4,750만의 인구(2020년 기준)가 거주하고 있습니다.

국제적 위상

16~17세기 스페인은 콜럼버스가 발견한 어마어마한 크기의 아메리카 대륙 대부분의 주인이 되었으나, 이후 영국과의 경쟁에서 뒤처지면서 20세기 중반까지 우리에게 잘 알려지지 않은 유럽의 변방 국가였습니다. 그러나 관광업을 바탕으로 1980년대부터 급격한 경제 성장을 이루었고 현재는 독특한 정체성을 가진 서유럽 국가라는 인식이 일반적입니다.

경제

1인당 국민 소득은 약 37,765달러(2020년 기준)이며 다른 유럽 국가들과 마찬가지로 유로화를 사용합니다.

문화유산

현재 세계에서 네 번째로 많은 49개의 유네스코 지정 세계 문화유산에 기반을 둔 관광업과 서비스업이 스페인 경제의 근간으로, 인구의 약 70% 정도가 서비스 업종에 종사하고 있습니다. 지나온 역사를 통해 남겨진 다양한 건축물과 문화유산 외에도 온화한 지중해성 기후와 잔잔하고 깨끗한 해변, 풍부하고 건강한 먹거리, 개방적이고 활달한 민족성 등은 전 세계에서 손꼽히는 관광 대국으로 스페인을 발돋움 시킨 원동력이라 할 수 있습니다. 이와 함께 돈키호테, 고야, 피카소, 달리, 건축가 가우디, 세계적인 프로 축구 리그인 프리메라 리가, 독특한 축제 등은 스페인이 자랑하는 셀 수 없이 많은 문화 자산 중의 일부이며, 누군가에겐 이것이 스페인어를 배우는 이유이기도 할 것입니다.

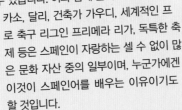

Capítulo 04

Esta es mi amiga Bora.

동영상 강의

- 지시사 Este, Ese, Aquel
- 의문사 Quién, Qué
- 소유사 I Mi, Tu, Su
- ¿De quién es ~?

¿Qué es esto?
께   에스 에스또?
이건 뭐니?

Es un libro de español.
에스 운 리브로 데   에스빠뇰.
스페인어 책이야.

● 지시사 Este, Ese, Aquel

					중성형
이 / 이것 / 이 사람	este 에스떼	esta 에스따	estos 에스또스	estas 에스따스	esto 에스또
그 / 그것 / 그 사람	ese 에세	esa 에사	esos 에소스	esas 에사스	eso 에소
저 / 저것 / 저 사람	aquel 아껠	aquella 아께야	aquellos 아께요스	aquellas 아께야스	aquello 아께요

- 지시사는 명사 앞이나 독립적으로 사용합니다. 가리키는 대상에 성과 수를 일치합니다.

¿Qué es este libro?
께   에스 에스떼 리브로?
이 책은 무엇입니까?

Aquellas son unas estudiantes coreanas.
아께야스   손 우나스 에스뚜디안떼스   꼬레아나스.
저들은 한국인 여학생들이다.

- 중성형은 정확한 이름을 모르거나 밝히지 않아도 될 때, 또한 방금 언급한 사물이나 내용 전체를 가리킬 때 씁니다. 무엇인지 모른다는 전제 하에 사용하는 형태이므로 여성형도 복수도 없으며, 다른 단어를 수식할 수도 없습니다.

Esto es un libro de español. 이것은 스페인어 책이다. (성을 굳이 밝히지 않을 때)
에스또 에스 운 리브로 데   에스빠뇰.

¿Qué es eso? 그건 뭐예요? (무엇인지 모를 때)
께   에스 에소?

Esto es todo. 이것이 전부이다. (앞 내용 전체를 가리킬 때)
에스또 에스 또도.

> **참고**
> Este libro es caro. 이 책은 비싸다.
> 에스떼 리브로 에스 까로.
> = Este es caro. 이것은 비싸다.
> 에스떼 에스 까로.

● 의문사 Quién, Qué

Quién / Quiénes 누구, 누가

주어(사람)이 누구인지 묻는 Quién은 복수형이 있습니다. 즉 주어가 1명일 때는 Quién을, 여러 명일 때는 Quiénes를 이용해 질문합니다.

A ¿Quién eres tú? 너는 누구니?
   끼엔   에레스 뚜?

B Soy amigo de Juan. 후안의 친구예요.
   쏘이 아미고 데 후안.

A ¿Quiénes son tus padres? 네 부모님은 누구시니?
   끼에네스   손   뚜스 빠드레스?

B Son aquellos señores. 저분들이세요.
   손   아께요스   세뇨레스.

Qué 무엇을, 무엇이

행위나 사물이 무엇인지 물을 때 쓰며 명사와 함께 쓰이기도 합니다.

¿Qué es el amor? 사랑이 무엇입니까?
께   에스 엘 아모르?

¿Qué libro es ese? 그건 무슨 책이니?
께   리브로 에스 에세?

¿Quién es aquel chico?
끼엔   에스 아겔   치꼬?
저 청년은 누구니?

Es mi hermano.
에스 미 에르마노.
내 동생이야.

주의
tú → 인칭 대명사 '너'
tu → 소유사 '너의'

● 소유사 I Mi, Tu, Su

	단수		복수	
	남성	여성	남성	여성
나의	**mi** 미 mi libro	mi casa	**mis** 미스 mis libros	mis casas
너의	**tu** 뚜 tu libro	tu casa	**tus** 뚜스 tus libros	tus casas
그/그녀/당신의	**su** 수 su libro	su casa	**sus** 수스 sus libros	sus casas
우리들의	**nuestro** 누에스뜨로 nuestro libro	**nuestra** 누에스뜨라 nuestra casa	**nuestros** 누에스뜨로스 nuestros libros	**nuestras** 누에스뜨라스 nuestras casas
너희들의	**vuestro** 부에스뜨로 vuestro libro	**vuestra** 부에스뜨라 vuestra casa	**vuestros** 부에스뜨로스 vuestros libros	**vuestras** 부에스뜨라스 vuestras casas
그들/그녀들/ 당신들의	**su** 수 su libro	su casa	**sus** 수스 sus libros	sus casas

- 이 소유사는 명사 앞에 위치하며, 명사에 성과 수를 일치합니다.
  (여성 복수) (여성 복수)
  <u>Vuestras</u> <u>casas</u> son muy <u>caras</u>. 너희의 집들은 매우 비싸요.
  부에스뜨라스 까사스   손   무이   까라스.

- 3인칭 소유자의 혼동이 예상되는 경우 'de + 소유자' 구문으로 표현할 수 있습니다.
  Su ropa es azul. = La ropa de ella es azul.
  수   로빠   에스 아쑬.   라   로빠   데 에야 에스 아쑬.
  그녀의 옷은 파란색이다.

> **참고**
> Su의 단·복수 형태는 소유자가 아니라 su 이후의 명사에 의해 결정됩니다. 즉 su의 의미와 상관없이 함께 쓰는 명사가 단수면 su를, 복수면 sus를 선택하는 것입니다.
>
> Su libro es caro. 수 리브로 에스 까로.
> 그(그녀/ 당신/ 그들/ 그녀들/ 당신들)의 책은 비싸다.
> Sus libros son caros. 수스 리브로스 손 까로스.
> 그(그녀/ 당신/ 그들/ 그녀들/ 당신들)의 책들은 비싸다.

● ¿De quién es/son ~?

> **질문법**   ¿De quién es/son ~?: ~은/는 누구의 것입니까?

- 이 형식은 'ser 동사 + de + 소유자'의 구조를 역배치한 질문입니다.
                                                 (de + 소유자)
  ¿De quién es esta casa? → (Esta) Es la casa de mi amigo. Es su casa.
  데 끼엔   에스 에스따 까사?   (에스따) 에스 라 까사   데 미 아미고.   에스 수   까사.
  이 집은 누구의 것입니까?   이것은 내 친구의 집입니다. 그의 집입니다.

Este es mi amigo Nacho.

Encantado.

Mucho gusto.

Bora	**Hola, Miguel, Este es mi amigo Nacho.** 올라, 미겔. 에스떼 에스 미 아미고 나초.
Miguel	**¿Perdón?** 뻬르돈?
Bora	**Nacho. Se llama Nacho.** 나초. 세 야마 나초.
Miguel	**Ah, Nacho. Mucho gusto. Me llamo Miguel.** 아, 나초. 무초 구스또. 메 야모 미겔.
Nacho	**Encantado. ¿Eres estudiante de esta** 엔깐따도. 에레스 에스뚜디안떼 데 에스따 **escuela?** 에스꾸엘라?
Miguel	**Sí, ¿y tú?** 씨, 이 뚜?
Nacho	**Soy médico. Esta es mi tarjeta.** 소이 메디꼬. 에스따 에스 미 따르헤따.

보라	안녕, 미겔. 이 사람은 내 친구인 나초야.
미겔	뭐라고?
보라	나초. 이름이 나초야.
미겔	아, 나초. 만나서 반가워요. 내 이름은 미겔이에요.
나초	만나서 반가워요. 당신은 이 학교의 학생인가요?
미겔	네, 당신은요?
나초	난 의사입니다. 이것이 내 명함이에요.

대화 TIP

- **Este/a es ~** 에스떼/따 에스 ~: 제3자를 소개할 때 사용하는 양식입니다. 그 사람의 성별에 따라 남자는 **este** 에스떼, 여자는 **esta** 에스따, 혼성은 **estos** 에스또스로 구분하여 사용합니다.
  Esta es mi amiga Carmen. 이 사람은 내 친구인 까르멘입니다.
  에스따 에스 미 아미가 까르멘.
  Estos son mis padres. 이분들은 나의 부모님이세요.
  에스또스 손 미스 빠드레스.

- **¿Perdón?** 뻬르돈?: '실례합니다'를 의미하지만, 억양을 올릴 경우 '다시 말해 줄래요?'를 뜻합니다.

새 단어 및 표현

este/a 이, 이것, 이 사람
amigo/a *m.f.* 친구
Perdón 실례합니다., 뭐라고요?
escuela *f.* 학교
médico/a *m.f.* 의사
tarjeta *f.* 명함, 카드

¿De quién es?

Es de Miguel.

María	¿Qué es aquello?	께 에스 아께요?
Antonio	Es un libro de inglés.	에스 운 리브로 데 잉글레스.
María	¿Un libro? ¿De quién es?	운 리브로? 데 끼엔 에스?
Antonio	A ver... Es de Miguel. Es su libro.	아 베르… 에스 데 미겔. 에스 수 리브로.
María	¿Quién es Miguel? ¿Es tu amigo tan simpático?	끼엔 에스 미겔? 에스 뚜 아미고 딴 심빠띠꼬?
Antonio	Sí, es él. Por cierto, ¿qué tal tu clase de inglés?	씨, 에스 엘. 뽀르 씨에르또, 께 딸 뚜 끌라세 데 잉글레스?
María	Es muy interesante. Nuestra profesora es muy amable.	에스 무이 인떼레산떼. 누에스뜨라 쁘로페소라 에스 무이 아마블레.

마리아	저건 뭐지?
안또니오	영어 책이야.
마리아	책? 누구 것인데?
안또니오	어디 보자… 미겔 거야. 그의 책이군.
마리아	미겔이 누구야? 무척 상냥한 네 친구지?
안또니오	응, 그 애야. 그런데, 네 영어 수업은 어때?
마리아	무척 흥미로워. 우리 선생님은 아주 상냥해.

새 단어 및 표현

qué 무엇이, 무엇을
libro *m.* 책
aquel/aquella 저, 저것, 저 사람
quién 누구, 누가
A ver. 어디 보자/봅시다.
tu 너의
tan 그렇게, 그만큼, 무척
interesante 흥미로운
nuestro/a 우리들의

대화 TIP

• **¿Quién es Miguel?** 끼엔 에스 미겔?: Miguel이 누구인지 묻고 있습니다.

• **Por cierto** 뽀르 씨에르또: '그런데 말이야, 그건 그렇고'의 의미로 대화의 주제를 바꿀 때 쓰는 표현입니다.

● **직업명**

médico/a, doctor(a)
m.f. 의사

taxista
m.f. 택시 기사

ama de casa
f. 주부

deportista
m.f. 운동선수

policía
m.f. 경찰

abogado/a
m.f. 변호사

profesor(a)
m.f. 선생님

enfermero/a
m.f. 간호사

secretario/a
m.f. 비서

bombero/a
m.f. 소방관

camarero/a
m.f. 종업원

oficinista
m.f. 회사원

dependiente/a
m.f. 점원

cocinero/a
m.f. 요리사

futbolista
m.f. 축구 선수

vendedor(a)
m.f. 상인

반복이나 천천히 말해 줄 것을 부탁할 때

다시 말씀해 주시겠어요?

Otra vez, por favor.
오뜨라 베쓰, 뽀르 파보르.

A   다시 말씀해 주시겠어요?

A의 기타 표현

Repita, por favor.
레삐따,   뽀르   파보르.
한 번 더 말씀해 주시겠어요?

¿Perdón? 뻬르돈? 네?

¿Cómo? 꼬모? 뭐라고요?

¿Qué? 께? 뭐라고요?

참고

Por favor: '실례합니다, 부탁합니
다'의 뜻으로 명령이나 부탁을 할 때 첨
가합니다.

천천히 말씀해 주시겠어요?

(Hable) Más despacio,
(아블레)   마스   데스빠씨오,
por favor.
뽀르   파보르.

A   천천히 말씀해 주시겠어요?

죄송합니다만 잘 알아듣지 못하겠습니다.

Lo siento,
로   시엔또,
no entiendo bien.
노   엔띠엔도   비엔.

A   죄송합니다만 잘 알아듣지
    못하겠습니다.

문법 **1** 다음 의미에 해당하는 소유사를 써 보세요.

> Modelo (너의) casa → **tu casa**

(1) (우리들의) madre → _____

(2) (그들의) hermano → _____

(3) (나의) padres → _____

(4) (당신의) casas → _____

2 다음 의미에 해당하는 지시사를 써 보세요. 그리고 이들을 다시 복수로 만들어 보세요.

> Modelo (이) estudiante → **este(esta) estudiante** → **estos(estas) estudiantes**

(1) (저) habitación → _____ → _____

(2) (저) turista → _____ → _____

(3) (그) autobús → _____ → _____

(4) (이) coche → _____ → _____

★ habitación *f.* 방 ｜ turista *m.f.* 관광객 ｜ autobús *m.* 버스 ｜ coche *m.* 자동차

3 다음 그림을 보고 주어진 단어들로 대화를 완성하세요.

A ¿Qué es? ¿Cómo es?

> | interesante libro elefante grande bonito/a flor |
>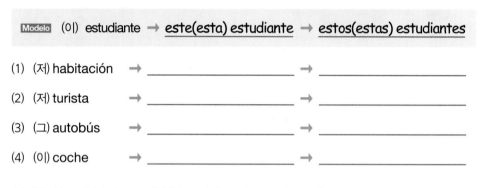
> Modelo B **Es un elefante. Es muy grande.**

(1)
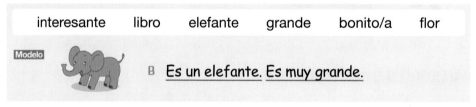
B _____

(2)

B _____

★ elefante/a *m.f.* 코끼리 ｜ grande 큰 ｜ flor *f.* 꽃 ｜ interesante 흥미있는

4 밑줄에 알맞은 질문 방식을 고르세요.

> ¿Qué es...?   ¿Cómo es...?
>
> ¿De quién es...?   ¿Quién es...?

(1) A _____ aquella chica?

     B Es mi amiga Bora.

(2) A _____ eso?

     B Es un libro.

(3) A _____ ese libro?

     B Es de mi hermano. Es su libro.

(4) A _____ Carlos?

     B Es alto y amable.

듣기 ● 녹음을 듣고 질문에 답하세요.

(1) 무엇에 대해 말하고 있나요?

     ① libro   ② flor   ③ reloj   ④ mesa

026

(2) 이들이 말하는 사물은 누구의 것인가요?

     ① Amalia   ② Reina   ③ Ana   ④ Susana

★ reloj *m.* 시계 ｜ mesa *f.* 탁자

읽기 ● 다음은 Carmen의 가족 관계에 대한 이야기입니다. 빈칸에 들어갈 알맞은 소유사를 써 보세요.

> Yo soy Carmen Santos. (1) _____ padres son Pablo y María.
> (2) _____ perro Toto también es un miembro de (3) _____
> familia. Manuel es (4) _____ primo. (5) _____ padres, Carlos y
> Mar, son (6) _____ tíos.

★ perro *m.* 개 ｜ miembro *m.* 멤버, 일원 ｜ familia *f.* 가족

광활한 대륙, 라틴 아메리카!

위치

우리가 보통 중남미 혹은 라틴 아메리카로 부르는 지역은 포르투갈어를 사용하는 브라질을 포함한 북미 남단에서 남극에 이르는 광활한 지역입니다. 이 지역 대부분에서 스페인어가 사용되는데, 스페인어로는 Hispanoamérica 이스빠노아메리카 또는 Iberoamérica 이베로아메리카로 부릅니다.

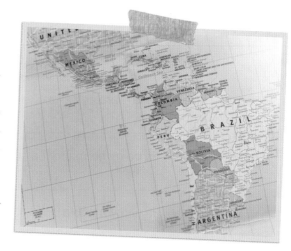

명칭과 자연

우리가 흔히 쓰는 '라틴 아메리카'는 프랑스 사람이 주창한 명칭입니다. 북미 멕시코에서부터 남미 서부 전역에 걸쳐 19개 국가의 약 4억 천4백만의 인구가 스페인어를 사용하며, 사막과 열대 밀림, 광활한 초지와 습지, 빙하에 이르기까지 기후와 지형 또한 매우 다양합니다. 태평양을 끼고 발달한 화산 지대는 기나긴 안데스 산맥을 따라 독특한 자연환경을 만들어 냈고, 여기에서 발원한 아마존강 유역의 밀림은 '지구의 허파'라는 별칭으로 불립니다.

메르꼬수르 깃발

역사

1492년 스페인 왕실의 후원을 받은 콜럼버스에 의해 '발견'되기 전까지 오늘날의 멕시코와 중미 지역에서 번창했던 azteca 아스떼까와 maya 마야 문명은 피라미드의 독특함과 수학 및 천문학의 뛰어난 발전으로 유명하며, 남아메리카에서 광대한 제국을 이루었던 inca 잉카 문명은 현대의 기술로는 이해할 수 없는 정교한 건축술로 인해 지금까지도 칭찬과 감탄을 자아내고 있습니다. 1821년 이후 스페인으로부터 독립한 중남미 국가들은 제각기 다른 정치적 안정을 이루며 발전하고 있고, 특히 다양하고 풍부한 천연 자원과 인적 자원을 바탕으로 경제적 발전을 꾀하고 있습니다. 특히 아르헨티나, 파라과이, 우루과이, 베네수엘라, 브라질이 주축이 되어 만든 경제 통합 공동체 Mercosur 메르꼬수르는 그 엄청난 인구와 교역 규모를 바탕으로 새로운 세계 시장을 구축하고 있습니다.

¿Dónde está tu casa?

동영상 강의

- Hay 동사
- Estar 동사
- 위치를 나타내는 부사와 전치사구
- 숫자 0~10

¿Dónde hay una cafetería?
돈데　　아이　우나　까페떼리아?
카페가 어디에 있어요?

Hay una allí.
아이　우나　아이.
저기 하나 있어요.

● Hay 동사

Hay 동사는 형태가 변화하지 않고, 다음과 같은 명사구를 동사 뒤에 씁니다.

Hay + Ø 부정관사 숫자 mucho/a (수량 형용사) + 단수(복수) 명사	**¿Dónde hay libros de español?** 돈데　　아이　리브로스　데　에스빠뇰? 스페인어 책들은 어디 있어요? **Hay unos clientes en la cafetería.** 아이　우노스　끌리엔떼스　엔　라　까페테리아. 카페에 몇 명의 손님들이 있어요. **Hay tres chicos en la calle.** 아이　뜨레스　치꼬스　엔　라　까예. 거리에 세 명의 청년들이 있어요. **Hay muchas flores.** 아이　무차스　플로레스. 많은 꽃들이 있습니다.

> **참고**
> 부정문은 no를 hay 동사 앞에 놓습니다.
> **No hay libros.** 책이 없다.
> 노　아이　리브로스.

● Estar 동사 p.36 참조

yo	**estoy**	nosotros/as	**estamos**
tú	**estás**	vosotros/as	**estáis**
él, ella, Ud.	**está**	ellos, ellas, Uds.	**están**

Estar 동사는 주어의 상태를 나타내는 기능 외에도 위치를 나타낼 수 있습니다. 단, Hay 동사와 달리 다음과 같은 구체적인 주어의 위치나 장소를 나타냅니다.

> **주의**
> 영어라면 be 동사로 표현할 것을 스페인어는 hay와 estar 동사가 나누어 하는 셈입니다.
> *There is a book.* → Hay un libro.
> *The book is on the desk.* → El libro está en la mesa.
> 위에서 보다시피 스페인어 Ser 동사는 위치를 나타낼 때 사용되지 않습니다.

인칭 대명사 고유 명사 정관사 + 명사 소유사 + 명사 + **Estar**	**¿Dónde estás (tú), mamá?** 엄마, 어디 계세요? 돈데　　에스따스　(뚜),　마마? **Ana y Leonardo están en Sevilla.** 아나와 레오나르도는 세비야에 있다. 아나　이　레오나르도　에스딴　엔　세비야. **El profesor Kim está en Portugal.** 김 선생님은 포르투갈에 있다. 엘　쁘로페소르　킴　에스따　엔　뽀르뚜갈. **¿Está en casa tu hermano?** 네 동생 집에 있니? 에스따　엔　까사　뚜　에르마노?

¿Dónde está el libro?
돈데　　에스따 엘 리브로?
그 책 어디 있어요?

Está en mi mesa.
에스따 엔 미 메사.
내 탁자에 있어요.

● 위치를 나타내는 부사와 전치사구

aquí	ahí	allí	cerca	lejos
여기	거기	저기	가까이	멀리

sobre / encima de la mesa
책상 위에

debajo de la mesa
책상 아래에

delante de / enfrente de la silla
의자 앞에

detrás de la silla
의자 뒤에

al lado del reloj
시계 옆에

a la derecha del vaso
컵 오른쪽에

a la izquierda del vaso
컵 왼쪽에

entre el vaso y el reloj
컵과 시계 사이에

dentro de la nevera
냉장고 안에

fuera de la nevera
냉장고 밖에

> **참고**
>
> a + el → al / de + el → del: a 나 de 다음에 el 이 위치할 때는 항상 al, del 로 쓰지만 고유 명사는 예외입니다.
>
> Estoy al lado del coche. 나는 차 옆에 있다.
> 에스또이 알 라도 델　꼬체.
>
> El amigo del profesor es de El Salvador.
> 엘 아미고　델　쁘로페소르 에스 데 엘살바도르.
> 선생님의 친구는 엘살바도르 사람이다.

● 숫자 0~10

0 **cero** 쎄로	3 **tres** 뜨레스	6 **seis** 세이스	9 **nueve** 누에베
1 **uno/a** 우노/우나	4 **cuatro** 꽈뜨로	7 **siete** 시에떼	10 **diez** 디에쓰
2 **dos** 도스	5 **cinco** 씽꼬	8 **ocho** 오초	

- 1은 가리키는 대상의 성에 따라 uno, una로 바꿔 쓰며 uno가 포함된 숫자들도 모두 마찬가지입니다.

  Hay uno (= hay un libro) / Hay una (= hay una mesa).

- 남성 명사 단수와 함께 쓸 때는 un으로 형태가 바뀌어 부정관사의 역할을 합니다. `p.47 참조`

  Hay un libro. 책이 한 권 있다. / Hay una mesa. 탁자가 한 개 있다.
  아이　운　리브로.　　　　　　　　　아이　우나　메사.

¿Hay un bar por aquí?

Sí, hay uno.

Minsu	**Perodona, ¿hay un bar por aquí?** 뻬르도나, 아이 운 바르 뽀르 아끼?	
María	**Sí, hay uno.** 씨, 아이 우노.	
Minsu	**¿Dónde está?** 돈데 에스따?	
María	**Está al lado de aquella frutería.** 에스따 알 라도 데 아께야 프루떼리아.	
Minsu	**Gracias.** 그라시아스.	
María	**De nada.** 데 나다.	

민수	미안하지만, 이 근처에 바가 있어?
마리아	응, 하나 있어.
민수	어디 있어?
마리아	저 과일 가게 옆에 있어.
민수	고마워.
마리아	천만에.

대화

- **Al** 알: a는 방향이나 위치 등을 나타내는 전치사로, 남성 단수형 정관사 el과 만나면 al로 축약됩니다.

- **Por aquí** 뽀르 아끼: por가 '근처', '주변'의 의미를 나타냅니다.

- **Perdona/e** 뻬르도나/네: 상대방의 주의를 끌 때 쓰는 표현으로 tú로 지칭하는 상대에겐 perdona를, Ud.을 써야하는 상대에겐 perdone를 씁니다.

- **Uno** 우노: 1을 뜻하는 숫자이지만 남성 명사 단수 앞에서는 un이 됩니다.

새 단어 및 표현

por aquí 이 근처에
uno/a 숫자 1
bar *m.* 바
¿Dónde está? 어디 있어?
al 'a + el'의 축약형
al lado de ~ 옆에
frutería *f.* 과일 가게
De nada. 천만에요.

¿Dónde está tu casa?

Está en la calle Pino.

Bora	Miguel. ¿Dónde está tu casa?
	미겔, 돈데 에스따 뚜 까사?
Miguel	Está en la calle Pino, al lado de una
	에스따 엔 라 까예 삐노, 알 라도 데 우나
	librería grande.
	리브레리아 그란데.
Bora	¿Qué hay en tu habitación?
	께 아이 엔 뚜 아비따씨온?
	¿Hay un ordenador?
	아이 운 오르데나도르?
Miguel	Sí, y también hay una mesa y una silla.
	씨, 이 땀비엔 아이 우나 메사 이 우나 시야.
Bora	¿Dónde está tu cama?
	돈데 에스따 뚜 까마?
Miguel	Ah, mi cama está también en mi
	아, 미 까마 에스따 땀비엔 엔 미
	habitación, delante de la ventana.
	아비따씨온, 델란떼 데 라 벤따나.

보라	미겔, 너의 집은 어디 있어?
미겔	삐노 거리에 있어, 큰 서점 옆에.
보라	네 방에 무엇이 있니? 컴퓨터가 있니?
미겔	응, 그리고 탁자와 의자도 있어.
보라	네 침대는 어디 있어?
미겔	아, 내 침대도 내 방에 있어. 창문 앞에.

새 단어 및 표현

casa *f.* 집
en ~에
calle *f.* 거리
librería *f.* 서점
grande 큰
habitación *f.* 방
ordenador *m.* 컴퓨터
mesa *f.* 테이블, 탁자
silla *f.* 의자
cama *f.* 침대
ventana *f.* 창문

대화 TIP

- 스페인에서는 '컴퓨터'라는 단어로 ordenador 오르데나도르를 사용하지만 중남미에서는 보통 computador(a) 꼼뿌따도르(라)를 씁니다.

- ¿Dónde está tu casa? 돈데 에스따 뚜 까사?: 주어 tu casa가 소유사를 포함하고 있으므로 estar 동사와 함께 쓰입니다.

● 집의 내부와 가구명

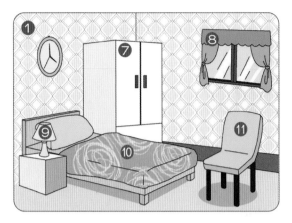

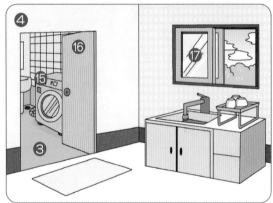

❶ **habitación** *f.* 방 (= cuarto *m.*)

❷ **salón** *m.* 거실

❸ **cuarto de baño** *m.* 욕실

❹ **cocina** *f.* 주방

❺ **garaje** *m.* 차고, 주차장

❻ **jardín** *m.* 정원

❼ **armario** *m.* 장, 옷장

❽ **cortina** *f.* 커튼

❾ **lámpara** *f.* 전등, 램프

❿ **cama** *f.* 침대

⓫ **silla** *f.* 의자

⓬ **televisión** *f.* TV

⓭ **estantería** *f.* 진열장, 책장

⓮ **cuadro** *m.* 그림

⓯ **lavadora** *f.* 세탁기

⓰ **puerta** *f.* 문

⓱ **ventana** *f.* 창문

일상에서 많이 쓰는 기원 표현 I

생일 축하해요!

¡Feliz
펠리쓰
cumpleaños!
꼼쁠레아뇨스!

Gracias.
그라씨아스.

A 생일 축하해요!
B 고마워요.

> **참고**
>
> **기타 기원 표현**
>
> A ¡Feliz Navidad! 메리 크리스마스!
>   펠리쓰 나비닷!
>
>   ¡Feliz Año Nuevo!
>   펠리쓰 아뇨 누에보!
>   새해 복 많이 받으세요!
>
>   ¡Feliz fin de semana!
>   펠리쓰 핀 데 세마나!
>   즐거운 주말 보내요!
>
> B Igualmente. 당신도요.
>   이구알멘떼.

즐거운 여행하시길 바라요!

¡Buen viaje!
부엔   비아헤!

Gracias.
그라씨아스.

A 즐거운 여행하시길 바라요!
B 고마워요.

A의 기타 표현

¡Feliz viaje! 즐거운 여행하시길 바라요!
펠리쓰   비아헤!

행운을 빌어요!

¡Suerte!
수에르떼!

Gracias.
그라씨아스.

A 행운을 빌어요!
B 고마워요.

A의 기타 표현

¡Mucha suerte! 엄청난 행운을 빌어요!
무차   수에르떼!

연습 문제

¡A practicar!

문법 1 다음 수의 앞뒤 숫자를 스페인어로 써 보세요.

(1) _____, 2, _____   (2) _____, 8, _____

(3) _____, 5, _____   (4) _____, 9, _____

2 그림을 보고 빈칸에 알맞은 전치사를 써 보세요.

(1) A ¿Qué hay _____ la mesa?

B Hay un libro, una manzana y un reloj.

(2) A ¿Dónde está el libro?

B Está _____ de la manzana.

(3) A ¿Dónde está la manzana?

B Está _____ el libro _____ el reloj.

★ manzana *f.* 사과

3 밑줄 친 말을 반대의 뜻으로 바꿔 보세요.

> **Modelo**   El hotel está <u>aquí</u>. → El hotel está <u>allí</u>.

(1) Hay un hospital <u>cerca de</u> aquí.

→ Hay un hospital _____ aquí.

(2) La silla está <u>dentro de</u> la habitación.

→ La silla está _____ la habitación.

(3) Hay un libro <u>encima de</u> la mesa.

→ Hay un libro _____ la mesa.

듣기 ● 녹음을 듣고 질문에 답하세요.

031

(1) 내용에서 말하는 전화번호를 고르세요.

① 962 – 2468   ② 414 – 9182   ③ 543 – 6714   ④ 290 – 3052

(2) 내용을 듣고 다음 질문에 맞는 그림을 골라 보세요.

A ¿Dónde está el libro?

읽기 ● 다음 그림에서 Miguel의 집을 찾아 보세요.

> Hay muchos edificios cerca de la casa de Miguel. Al lado de su casa hay una librería. Enfrente de su casa hay un hospital. Hay un restaurante a la izquierda de su casa. Pues, ¿dónde está su casa?

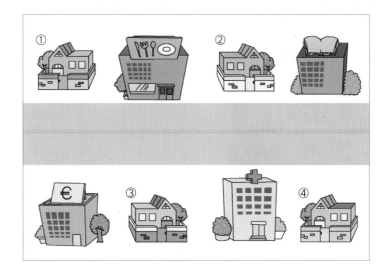

★ edificio *m.* 건물 ┃ pues 그러면

스페인 축제
'라스 파야스'와 '인간 탑 쌓기'

봄맞이 축제, Las Fallas 라스 파야스는 스페인 남동부의 도시 Valencia 발렌씨아에서 매년 3월 14일에서 성 요셉의 날인 3월 19일까지 개최됩니다. 1년간 준비해 온 거대한 조형물들을 야간에 거리에서 태우는 축제로, 18~19세기부터 지금까지 지속되어 왔습니다. 초기에는 겨울을 지나면서 남아돌던 잡동사니나 쓰레기 등을 태웠으나 재력가들이 예술가를 고용하면서 독창적이고 예술적인 측면이 강조되기 시작했습니다.

1년간 제작한 4~5층 높이의 조형물(ninot)을 축제 기간 동안 거리에 전시한 후 어린이용부터 차례로 소각하며 봄을 맞이합니다. 이 조형물들은 시대상을 풍자·패러디하는 경우가 대부분이며, 이 조형물들만 봐도 당시의 사회적 이슈가 무엇인지 금방 알 수 있습니다. 엄청난 수의 관광객과 함께 '파야스 여왕'이 선출되어 개막을 선언하고, 이 조형물들이 불에 타는 동안 하늘에는 불꽃놀이가 화려하게 펼쳐집니다.

인간 탑 쌓기, los Castells 로스 까스뗄스는 스페인 동북부의 도시 Tarragona 따라고나와 Cataluña 까딸루냐 전 지역에서 주로 지역 축제 기간에 볼 수 있습니다. 보통 열 명에서 수백 명이 참가하는 인간 탑 쌓기는 18세기부터 유래되었다고 전해지며, 2년마다 10월 첫 번째 주말에 따라고나에서 경합을 벌이는데 15미터의 높이가 지금까지의 최고 기록이라고 합니다. 신께 감사하며 곡식이 싹트는 모습을 모방한 것이라고 하며, 이때 인간 탑을 지탱하기 위해 주변을 둘러싼 수십 수백 명의 단결된 모습이 가장 큰 감동을 줍니다.

Capítulo 06

¿Hablas español?

동영상 강의

- 규칙 동사의 유형: -ar, -er, -ir

- 불규칙 동사 Saber, Poder

- 각종 의문사

¿Hablas español?
너는 스페인를 할 줄 아니?

Sí, un poco.
응, 조금.

● 규칙 동사의 유형: -ar, -er, -ir

	-ar형: Hablar (말하다)	-er형: Comer (먹다)	ir형: Vivir (살다)
yo	habl-**o**	com-**o**	viv-**o**
tú	habl-**as**	com-**es**	viv-**es**
él, ella, Ud.	habl-**a**	com-**e**	viv-**e**
nosotros/as	habl-**amos**	com-**emos**	viv-**imos**
vosotros/as	habl-**áis**	com-**éis**	viv-**ís**
ellos, ellas, Uds.	habl-**an**	com-**en**	viv-**en**

스페인어 동사들은 규칙 동사와 불규칙 동사로 나뉩니다. 규칙 동사들은 동사 원형의 형태에 따라 -ar, -er, -ir 단 세 종류가 있습니다.

A ¿Qué idiomas hablas? 너는 무슨 외국어를 할 줄 아니?
B Hablo español y chino. 나는 스페인어와 중국어를 말합니다.

> **참고**
> 동사 원형은 동사의 이름이고 부정사라고 부르기도 합니다. 스페인어는 조동사가 없기 때문에 시제가 바뀌어도 복합 시제가 아닌 한 동사를 주어에 따라 변형시켜 씁니다.

● 불규칙 동사 Saber, Poder

	Saber (~을/를 알다)	Poder (~을/를 할 수 있다)
yo	**sé**	p**u**edo
tú	sabes	p**u**edes
él, ella, Ud.	sabe	p**u**ede
nosotros/as	sabemos	podemos
vosotros/as	sabéis	podéis
ellos, ellas, Uds.	saben	pueden

Saber: 명사나 동사 원형, 절 등을 목적어로 함께 씁니다.
Mis amigos saben mi dirección. 내 친구들은 내 주소를 알고 있다.
Su madre sabe cocinar paella. 그의 엄마는 빠에야를 요리할 줄 아신다.

Poder: 반드시 동사 원형과 함께 씁니다.
Puedo bailar flamenco. 나는 플라멩꼬를 출 수 있다.   ¿Puedes limpiar la casa? 너는 집을 청소할 수 있니?

¿Qué idiomas puedes hablar?
무슨 외국어를 할 줄 아니?

Puedo hablar español.
스페인어를 할 수 있어.

● 각종 의문사

¿Qué? 무엇?	¿Por qué? 왜?
¿Qué idiomas habla María? 마리아는 무슨 언어를 말할 줄 알아요? ¿Qué estudia María? 마리아는 무엇을 공부해요?	¿Por qué estudia María el español? 마리아는 왜 스페인어를 공부해요? ¿Por qué no cena María? 마리아는 왜 저녁을 먹지 않아요?
¿Quién? / ¿Quiénes? 누가?	**¿Cuándo? 언제?**
¿Quién sabe hablar español? 누가 스페인어를 말할 줄 알아요? ¿Quiénes saben hablar español? 누가 스페인어를 말할 줄 알아요?	¿Cuándo estudia María el español? 마리아는 언제 스페인어를 공부해요? ¿Cuándo cena María? 마리아는 언제 저녁 먹어요?
¿Cómo? 어떻게?	**¿Cuánto/a/os/as? 얼마나?**
¿Cómo está María? 마리아는 어떻게 지내요? ¿Cómo es María? 마리아는 어때요? (어떤 사람이에요?)	¿Cuántos idiomas habla María? 마리아는 얼마나 많은 언어를 말할 줄 알아요? ¿Cuántas manzanas puede comer María? 마리아는 얼마나 많은 사과를 먹을 수 있어요?
¿Dónde? 어디?	**¿Cuál? / ¿Cuáles? 어떤 것?**
¿Dónde vive María? 마리아는 어디 살아요? ¿Dónde estudia María? 마리아는 어디에서 공부해요?	¿Cuál es su clase favorita? 그녀가 좋아하는 수업은 어떤 거예요? ¿Cuáles son sus clases favoritas? 그녀가 좋아하는 수업들은 어떤 거예요?

> **참고**
> ① ¿Quién? / ¿Quiénes?: 주어의 수에 따라 단수형과 복수형으로 구분하여 사용합니다.
> ② ¿Cuánto/a/os/as?: 수량을 묻는 의문사로 가리키는 대상에 성과 수를 일치시킵니다.
>   cuánto dinero / cuánta agua / cuántos chicos / cuántas casas
> ③ ¿Cuál? / ¿Cuáles?: 주어의 수에 따라 단수형과 복수형으로 구분하여 사용합니다.

¿Dónde comes?

Como en el comedor
de la escuela.

Miguel	Hablas muy bien español.
Minsu	Estudio mucho todos los días. Pero todavía no hablo bien.
Miguel	Bueno, ¿dónde comes?
Minsu	Como en el comedor de la escuela.
Miguel	¿Con quién comes?
Minsu	Con mis amigos. Y tú, ¿por qué estudias español?
Miguel	Porque necesito saber bien la gramática.

미겔	너는 스페인어를 아주 잘 말하는구나.
민수	매일 열심히 공부하고 있어. 하지만 아직도 잘하지는 못해.
미겔	그럼 점심은 어디에서 먹어?
민수	학교 식당에서 먹어.
미겔	누구랑 점심 먹니?
민수	내 친구들이랑. 그런데 너는 왜 스페인어를 공부하니?
미겔	왜냐하면 난 문법을 잘 알 필요가 있기 때문이야.

대화 TIP

- **Todavía no hablo bien (= No hablo bien todavía)**: todavía는 no와 함께 쓰며, no 앞이나 동사 뒤에 위치합니다.

- **¿Con quién comes?**: '누구와 함께'를 뜻하는 질문에서 con은 의문사 앞에 옵니다.

- **Porque ~**: '왜냐하면'을 뜻하는 접속사로 의문사인 por qué (= 왜?)와 분명히 구분해야 합니다.

- **Necesito saber la gramática**: 동사가 다른 동사를 목적어로 쓸 때는 반드시 동사 원형의 형태로 써야 합니다.

새 단어 및 표현

hablar 말하다
estudiar 공부하다
todo/a 모든
todavía 아직 (~않다/이다)
comer 먹다, 점심 먹다
comedor *m.* 식당
con ~와/과 함께
por qué 왜
porque 왜냐하면
necesitar 필요로 하다
saber 알다
gramática *f.* 문법

¿Dónde puedo comprar una Coca-Cola?

Delante de la escuela hay una cafetería.

María	¿Dónde puedo comprar una Coca-Cola?
Antonio	Delante de la escuela hay una cafetería.
María	Ah, muy bien. Por cierto, ¿cuándo viajas a Francia?
Antonio	En febrero. Viajo a Inglaterra también.
María	¿Cuánto dinero necesitas?
Antonio	No sé. Pero no necesito mucho.

마리아	코카콜라 어디에서 살 수 있어?
안또니오	학교 앞에 카페가 하나 있어.
마리아	아, 무척 잘 됐네. 그런데, 넌 언제 프랑스에 여행 가니?
안또니오	2월에. 영국에도 가.
마리아	얼마나 많은 돈이 필요해?
안또니오	몰라. 하지만 난 많이 필요하지는 않아.

새 단어 및 표현

poder ~(을/를) 할 수 있다
comprar 사다, 구입하다
delante(de ~) (~) 앞에
cafetería *f.* 카페
cuándo 언제
viajar 여행가다
a ~(으)로, ~에 (목적지)
febrero *m.* 2월
cuánto 얼마나
dinero *m.* 돈
No sé. 몰라.

대화 TIP

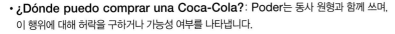

• **¿Dónde puedo comprar una Coca-Cola?**: Poder는 동사 원형과 함께 쓰며, 이 행위에 대해 허락을 구하거나 가능성 여부를 나타냅니다.

• **¿Cuánto dinero necesitas?**: 의문사 cuánto (얼마나)는 가리키는 대상의 성·수에 형태를 맞춰 씁니다.

추가 단어

Más Vocabulario

034

● -ar형 동사들

comprar

사다

necesitar

필요로 하다

escuchar

듣다

estudiar

공부하다

desayunar

아침 식사 하다

preguntar

질문하다

contestar

대답하다

acabar, terminar

끝내다

cenar

저녁 식사 하다

trabajar

일하다

cantar

노래하다

bailar

춤추다

andar

걷다

cocinar

요리하다

entrar

들어가다

llevar

옮기다, 가져가다

tocar

만지다, 연주하다

mirar

보다

regresar

돌아오다

일상에서 많이 쓰는 기원 표현 Ⅱ

축하해요!

¡Felicidades!

Gracias.

A 축하해요!
B 고마워요.

A의 기타 표현
¡Enhorabuena! 축하해요!

기운 내요!

¡Ánimo!

Gracias.

A 기운 내요!
B 고마워요.

맛있게 드세요!

¡Que aproveche!

Gracias.

A 맛있게 드세요!
B 고마워요.

A의 기타 표현
¡Buen provecho! 맛있게 드세요!

건배!

¡Salud!

¡Salud!

A 건배!
B 건배!

문법 **1** 다음 단어들을 연결하여 올바른 문장을 만들어 보세요.

(1) Tú　　　　　　　　•　　　　　　　　• ① no desayunáis.

(2) Vosotros/as　　　•　　　　　　　　• ② cenan mucho.

(3) Ellos, ellas, Uds. •　　　　　　　　• ③ hablas español.

2 알맞은 동사를 선택하여 다음 그림의 대화를 완성하세요.

comer	llevar	pasar

(1) ¿Qué _____ ?

(2) ¿Qué _____ ?

(3) Luis _____ dos maletas.

★ pasar 일어나다, 발생하다 ｜ maleta *f.* 트렁크 ｜ llevar 옮기다, 가져가다

3 다음 대화의 내용을 보고 빈칸에 들어갈 알맞은 의문사를 선택하세요.

Qué	Quién	Dónde	Cómo

(1) A ¿_____ es Miguel?

B Es alto, inteligente y guapo.

(2) A _____ estudia Miguel?

B Estudia en Madrid.

(3) A ¿_____ necesita este diccionario?

B Yo, por favor.

(4) A ¿_____ comes?

B Una hamburguesa.

★ diccionario *m.* 사전 ｜ hamburguesa *f.* 햄버거

듣기 ● 녹음을 듣고 질문에 답하세요.

(1) ¿Dónde vive Carlos?

① Lima   ② Lisboa   ③ Londres

(2) ¿Qué estudia Carlos?

① política   ② español   ③ economía

(3) ¿Dónde trabaja Pablo?

① hotel   ② cafetería   ③ escuela

★ política *f.* 정치(학) | economía *f.* 경제(학)

읽기 ● 다음 글을 읽고 질문에 답하세요.

> Mónica es mexicana. Trabaja en una escuela. Es profesora. Es alegre y simpática, pero últimamente está preocupada porque su hijo está enfermo.

(1) ¿Qué es Mónica?

① profesora   ② doctora   ③ estudiante

(2) ¿Cómo es Mónica?

① guapa   ② buena   ③ alegre

(3) ¿Por qué está preocupada Mónica?

① porque trabaja mucho.   ② porque su hijo está enfermo.

③ porque no hay comida.

★ últimamente 최근에 | preocupado/a 걱정하는 | enfermo/a 아픈 | comida *f.* 음식

스페인 '소몰이 축제 (los Sanfemines)'와 '토마토 전투(la Tomatina)'

소몰이 축제 los Sanfermines

소몰이 경주로 유명한 '산 페르민 축제 (los Sanfermines)'는 스페인 북부 도시 Pamplona 빰쁠로나에서 성 페르민(San Fermín)을 기리며 7월 6일 정오부터 7월 15일 0시까지 벌어지는 세계적인 행사입니다. 시청 광장의 폭죽이 시작을 알리면 흰 티셔츠에 빨간 머플러를 두른 사람들이 도시 곳곳에서 거리 공연, 북 연주 등 각종 퍼포먼스를 자유롭게 펼칩니다. 무엇보다 매일 아침 8시, 오후에 있을 투우 경기에 투입되는 소들을 거리에서 투우장까지 몰아 가두는 행사가 가장 중요하지요. 수많은 젊은이들이 이 소들과 함께 좁은 골목을 뛰어가기 때문에 뿔에 찔리거나 발에 밟히는 부상자가 속출하기도 합니다. 그럼에도 불구하고 전 세계의 젊은이들이 매해 이 축제에 몰려듭니다. 12세기 이후 성인을 기리는 행사와 소 시장, 투우 경기가 혼합되어 시작된 이 축제가 뭐니 뭐니 해도 스페인에서 가장 유명합니다.

토마토 전투 la Tomatina

토마토 전투 '라 또마띠나 (la Tomatina)'는 스페인 남동부 발렌시아 주의 작은 마을 Buñol 부뇰에서 매년 8월 마지막 수요일에 열립니다. 그 기원은 1944년 지역 축제 기간에 젊은이들이 가두 채소상의 야채를 서로 투척한 데서 유래했다는 등 여러 가지 설이 있으나 외부에 알려진 것은 1983년 한 TV 방송에서 소개되면서부터입니다. 아침 10시, 기름 바른 장대 꼭대기에 매달린 하몽을 풀어서 내던지는 것으로 축제는 시작됩니다. 여섯 대의 트럭이 식용으로 부적합한 토마토 150여 톤을 들여와 물을 뿌려 가며 골목에 풀어 놓으면 참가자들은 한 시간 동안 서로 토마토를 던지며 온통 붉은색으로 물들어 갑니다. 음식 낭비라는 비판의 목소리도 있지만 이 토마토 전투를 흉내 낸 축제가 세계 곳곳에 생길 정도로 그 인기가 대단합니다.

¿Adónde vas?

동영상 강의

- 불규칙 동사 Ir, Venir
- Ir + a + 동사 원형
- 전치사 A, De, En
- 서수

¿Adónde vas?
어디 가요?

Voy a la oficina.
사무실에 가요.

● **불규칙 동사 Ir, Venir**

	Ir (가다)	**Venir** (오다)
yo	**voy**	**vengo**
tú	**vas**	vienes
él, ella, Ud.	**va**	viene
nosotros/as	**vamos**	venimos
vosotros/as	**vais**	venís
ellos, ellas, Uds.	**van**	vienen

질문법 **¿Adónde va(s)?** 어디 가니? / 가세요?

Ir a + 목적지 → **Voy a** casa. 난 집에 가요.

Ir a + 동사 원형 → **Van a** comer al restaurante. 그들은 식당에 밥 먹으러 가요.

질문법 **¿De dónde viene(s)?** 어디에서 오는 거야? / 오는 길이세요?

Vengo del trabajo. 난 직장에서 옵니다.

Venimos de la casa de mi madre. 우린 어머니 댁에서 오는 겁니다.

Ir: 방향을 나타내는 전치사 a와 함께 쓰여 ①목적지(방향)와 ②무엇을 하러 가는지(목적)를 나타냅니다.

Este autobús va al museo. 이 버스는 박물관으로 간다. 목적지

Vamos a comprar frutas. 우린 과일을 사러 간다. 가는 목적

목적지나 방향을 물을 때는 'a + dónde'의 형태의 의문사 adónde를 이용합니다.

Venir: 출발지를 나타낼 때는 de와 함께 쓰입니다. 'De dónde'로 출발지를 묻습니다.

참고
Venir + a + 동사 원형 (~하러 오다): 목적을 나타내는 a와
함께 쓰여 어떤 목적으로 온 것인지를 나타냅니다.
Vengo a hablar con Ud. 난 당신과 이야기하러 왔어요.

Mañana va a venir Miguel.
내일 미겔이 올 거예요.

Va a venir con Bora.
보라와 함께 올 거예요.

● Ir + a + 동사 원형

<u>Voy a ir</u> al cine esta tarde. 난 오늘 오후에 극장에 갈 것이다.
No <u>vamos a hablar</u> con Luis. 우리는 루이스와 말하지 않을 것이다.

● 전치사 A, De, En

a: 목적지나 방향을 나타냅니다.

Voy a Europa. 나는 유럽으로 가.

de: 근원지나 출발지, 재료, 소유자를 가리킵니다.

El actor es de Hong Kong. 그 배우는 홍콩 출신이다.
La chaqueta es de lana. Es de Carmen. 그 재킷은 양모로 되어 있다. 까르멘의 것이다.

en: 위치나 영역, 계절이나 월을 나타냅니다.

Sus libros están en la habitación. 그의 책들은 방에 있다.
El concierto termina en mayo. 콘서트는 5월에 끝난다.

참고
① Voy a comer en casa: '집에서 밥을 먹으러 간다' 또는 '집에서 밥 먹을 예정이다' 두 의미를 표현할 수 있는데 상황에 따라 의미를 파악하면 됩니다.
② Vamos a estudiar: '우리는 공부할 예정이다', '공부하러 간다' 또는 '우리 공부하자'를 뜻합니다. 즉 주어가 nosotros/as인 경우 청유의 의미로도 쓰일 수 있습니다.

● 서수

1.° / 1.ª	2.° / 2.ª	3.° / 3.ª	4.° / 4.ª	5.° / 5.ª
primero/a primer	segundo/a	tercero/a tercer	cuarto/a	quinto/a
6.° / 6.ª	7.° / 7.ª	8.° / 8.ª	9.° / 9.ª	10.° / 10.ª
sexto/a	séptimo/a	octavo/a	noveno/a	décimo/a

• 순서를 나타내는 형용사로서, 가리키는 명사의 성과 수에 형태가 일치해야 합니다.

Mi oficina está en la tercera planta. 내 사무실은 3층에 있다.
José y yo somos los segundos de nuestra clase. 호세와 난 우리 반에서 2등이다.

• primero, tercero + 남성 명사 단수 → primer, tercer

primer beso 첫 키스 / tercer día 세 번째 날
primera profesora 첫 선생님 / terceros invitados 세 번째 손님들

¿De dónde vienen?

Vienen de Roma.

Bora	¡Hola, Nacho! ¿Adónde vas?
Nacho	Voy al parque a pasear. Y tú, ¿adónde vas?
Bora	Voy al aeropuerto. Mis padres vienen a España esta tarde.
Nacho	¡Qué bien!
Bora	Van a estar aquí una semana.
Nacho	¿De dónde vienen? ¿De Seúl?
Bora	No, vienen de Roma. Mañana vamos a visitar Barcelona.

보라	안녕, 나초! 어디 가니?
나초	산책하러 공원에 가. 넌 어디 가?
보라	난 공항에 가. 우리 부모님이 오늘 오후에 스페인에 오셔.
나초	정말 잘됐구나!
보라	여기에 일주일 동안 계실 거야.
나초	어디에서 오시는 거야? 서울에서?
보라	아니, 로마에서 오셔. 내일 우린 바르셀로나를 방문할 거야.

대화 TIP

- **Voy al parque a pasear**: 전치사 a는 목적지, 방향뿐만 아니라 목적으로 하는 행위를
  방향   목적   나타내기도 합니다.

- **Esta mañana / tarde / noche**: '오늘 아침 / 오후 / 밤'을 뜻하며 전치사는 사용하지
  않습니다.
  En esta tarde (×)

- **Mañana**: 독립적으로 쓰일 때는 '내일'을 뜻하고, por la mañana, esta mañana 처럼 구를 이루면 '아침'을 뜻합니다.

새 단어 및 표현

adónde 어디로
ir 가다
parque *m.* 공원
pasear 산책하다
aeropuerto *m.* 공항
venir 오다
tarde *f.* 오후 *adv.* 늦게
aquí 여기
mañana *f.* 아침 *adv.* 내일
visitar 방문하다
¿Adónde vas? 어디 가니?
¡Qué bien! 잘됐구나!

¿A qué piso van ustedes?

Voy al sexto.

Yo, al cuarto.

Antonio	¿A qué piso van ustedes?
Vecina	Voy al sexto.
Vecino	Yo, al cuarto.
Antonio	¿Viene del supermercado, señora?
Vecina	Sí, mire esta bolsa tan pesada. Y usted, ¿adónde va?
Antonio	Voy a la casa de mi primo, Jorge González.
Vecina	Jorge vive en el tercero, ¿verdad?
Antonio	Sí.

안또니오	여러분은 몇 층에 가십니까?
이웃집 여성	전 6층에 가요.
이웃집 남성	전 4층요.
안또니오	슈퍼마켓에서 오시는 길이신가요, 부인?
이웃집 여성	네, 이 무거운 봉지 좀 보세요. 당신은 어디 가시죠?
안또니오	전 호르헤 곤쌀레쓰라는 사촌 집에 가요.
이웃집 여성	호르헤는 3층에 살죠, 그렇죠?
안또니오	네.

대화 TIP

- **¿Verdad?**: ¿no? 처럼 상대방에게 동의를 구하고자 할 때 사용하는 부가 의문문과 같은 역할을 합니다.

- **Mira/e**: '이것 봐, 저것 봐' 또는 '이봐요, 여보세요' 등 타인의 주의를 끌 때 사용합니다. Tú를 쓰는 상대에게는 mira, Ud.의 상대에게는 mire를 씁니다.

- 서수의 경우, 보통 décimo/a (열 번째) 이후부터는 기수를 사용합니다.

새 단어 및 표현

piso _m._ 층, 아파트
sexto/a 여섯 번째
cuarto/a 네 번째
supermercado _m._ 슈퍼마켓
bolsa _f._ 봉지
pesado/a 무거운
tercero/a 세 번째
verdad _f._ 사실, 진실

추가 단어
Más Vocabulario

● -er형 동사들

beber
마시다

vender
팔다

coger
잡다, 쥐다, 타다

correr
달리다

leer
읽다

aprender
배우다

comprender
이해하다

● -ir형 동사들

escribir
쓰다

recibir
받다

abrir
열다

subir
올라가다, 올려놓다

일상적인 표현 I

누군가의 주의를 끌 때

¡Señora!

A 아주머니!

유사한 기타 표현

¡Señor! 아저씨!
¡Señorita! 아가씨!
¡Oye!, ¡Oiga! 이봐요!, 저기요!
¡Mira/e! 이봐요!
¡Perdona/e! 실례합니다!
¡Hola! 안녕하세요!
Un momento, por favor. 잠시만요.

누군가를 맞이할 때

¡Adelante!

A 들어오세요!

A의 기타 표현

¡Pasa/e (Entra/e) (por favor)!
들어오세요!

Esta es su casa.

A 당신 집처럼 편히 계세요.

A의 기타 표현

Esta es tu casa. 네 집처럼 편히 있어.

참고

¡Oye / Oiga!, ¡Mira/e!, ¡Perdona/e!,
¡Pasa/e!, ¡Entra/e!
상대를 Tú로 지칭하느냐, Ud.으로 지칭하
느냐에 따라 선택이 달라집니다.

문법

1 주어진 동사를 주어에 맞게 바꿔 보세요.

(1) ¿_____ del trabajo? (Venir, tú)

(2) No _____ a viajar con mis amigos. (Ir, ella)

(3) _____ a hablar con el director. (Venir, yo)

★ trabajo *m.* 일, 직장 | viajar 여행하다 | director(a) *m.f.* 책임자, 대표

2 다음 그림에 맞는 동사를 선택하여 보기 처럼 써 보세요.

| hablar | lavar | bailar | ir |

Modelo

Manuel **va a bailar** esta noche.

(1)

Mañana (yo) _____ el coche. Está sucio.

(2)

El presidente _____.

(3)

Carlos _____ al cine con Bora.

★ lavar 닦다, 세탁하다 | coche *m.* 자동차 | sucio/a 지저분한, 더러운 | cine *m.* 극장

3 빈칸에 a, de, en 중 알맞은 것을 넣으세요.

(1) Mis padres viven _____ Barcelona.

(2) ¿Es _____ cuero tu bolso?

(3) Voy _____ la escuela.

(4) ¿_____ dónde vienen sus padres?

★ bolso *m.* 핸드백 | cuero *m.* 가죽

4 다음 번지수와 이름을 보고 빈칸에 알맞은 서수를 넣어 표현을 완성하세요.

Editorial JB 2° C	Academia Mundial 3° B	Antonio Gómez 5° A

(1) La Editorial JB está en el _____ piso.

(2) La familia Gómez vive en el _____ piso.

(3) La Academia Mundial está en el _____ piso.

★ peluquería *f.* 미용실 ∣ editorial *f.* 출판사 ∣ academia *f.* 학원 ∣ piso *m.* 층, 아파트

듣기 ● 녹음을 듣고 질문에 답하세요.

041

(1) ¿Adónde va Carlos?

① farmacia　　　② escuela　　　③ banco

(2) ¿Adónde va Bora?

① casa　　　② escuela　　　③ farmacia

(3) ¿De dónde viene Bora?

① banco　　　② escuela　　　③ farmacia

★ farmacia *f.* 약국 ∣ banco *m.* 은행

읽기 ● 다음 메모를 읽고 질문에 답하세요.

> Hola, Carlos. Soy Nacho. Mañana voy a la fiesta de Miguel. Voy a comprar una tarta. ¿Por qué no vienes? Va a venir Bora también. Va a ser muy divertida.

(1) ¿Quiénes van a la fiesta?

① Nacho y María　　　② Bora y Antonio　　　③ Nacho y Bora

(2) ¿Qué va a comprar Nacho?

① una tarta　　　② una bebida　　　③ una flor

★ mañana 내일 ∣ fiesta *f.* 파티 ∣ tarta *f.* 케이크 ∣ divertido/a 재미있는 ∣ bebida *f.* 음료 ∣ flor *f.* 꽃

'산티아고의 길(Camino de Santiago)'

제주도 올레길이 벤치마킹한 스페인의 '산티아고의 길(Camino de Santiago 까미노 데 산티아고)'은 그 역사만 해도 1000년 이상을 헤아리는 유서 깊은 순례길입니다. 서유럽의 문화가 소통하던 오래된 통로입니다. '유럽의 대로'라고 불리기도 하였으며, 유네스코 세계 문화유산으로 지정되었습니다.

이 길은 원래 프랑스 파리에서부터 스페인 Galicia 갈리시아 지역의 도시인 Santiago de Compostela 산티아고 데 콤포스텔라에 이르는 경로를 일컫습니다. 이곳 대성당 지하에는 820년경 한 어촌 마을에서 우연히 발견된 예수의 12사도 중 한 사람인 산티아고(야고보) 성인의 관이 모셔져 있습니다. 성인의 유해를 직접 보고자 했던 순례객들이 몰려들면서 자연스럽게 생성된 길이 바로 이 '산티아고의 길'입니다.

서기 44년경 예루살렘에서 참수된 후 석관에 모셔졌던 산티아고 성인의 유해가 유럽의 서쪽 끝에서 발견된 사건은 전 유럽을 뒤흔들 만한 소식이었고, 산티아고 데 콤포스텔라는 긴 중세 동안 예루살렘을 대신한 성지로 각광을 받았습니다. 이후 사람들의 기억 속에서 잠시 잊혔다가 오늘날에 이르러 다시 세계인의 관심을 끌고 있습니다.

'산티아고의 길'이 생기면서 특히 프랑스인들과 프랑스 문물이 크게 유입되었으므로 '프랑스의 길'로도 불렸으며, 오늘날에는 다양하면서도 아름다운 풍광을 따라 걸으며 명상과 자기 성찰에 적절한 하이킹 코스로 이용되는 중입니다. '포르투갈의 길', '영국의 길', '독일의 길' 등 유럽 각국에서부터 이르는 경로가 다양하게 마련되어 있습니다.

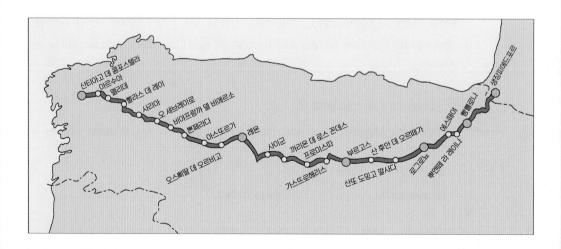

¿Cuántos años tienes?
몇 살이니?

Tengo siete años.
7살이에요.

● 불규칙 동사 Tener, Dar

	Tener (가지다)	**Dar** (주다)
yo	tengo	doy
tú	tienes	das
él, ella, Ud.	tiene	da
nosotros/as	tenemos	damos
vosotros/as	tenéis	dais
ellos, ellas, Uds.	tienen	dan

질문법   ¿**Tienes** dinero? 너 돈 있니?

¿**Das** dinero a Miguel? 너는 미겔에게 돈을 주니?

간접 목적어(~에게) 앞에는 전치사 a를 씁니다.

(직접 목적어)　　　　(간접 목적어)
Miguel da esta rosa　　a　　Bora. 미겔은 이 장미를 보라에게 준다.
　　　~을/를　　　　　~에게

● Tener 동사를 이용한 관용 표현

Tener +	calor / frío	덥다 / 춥다
	hambre / sed	배가 고프다 / 목마르다
	sueño / miedo / gripe / fiebre	졸리다 / 무섭다 / 독감 걸리다 / 열이 나다
	prisa / suerte / éxito	급하다 / 운이 좋다 / 성공하다
	dolor de estómago, de cabeza...	(배, 머리…)이/가 아프다
	○○ años	(나이가) ○○살이다

Tengo dolor de estómago. 난 배가 아프다.

나이 묻고 답하기　　A ¿Cuántos años tienes? 너 몇 살이니?

B Tengo veinte años. 20살이야.

Te doy estas flores.
네게 이 꽃들을 줄게.

¿Me das esas flores?
나한테 그 꽃들을 주는 거야?

● 직접 목적 대명사

me	나를	nos	우리들을
te	너를	os	너희들을
lo, la	그(그녀, 당신, 그것)를	**los, las**	그들(그녀들, 당신들, 그것들)을

Juan no <u>LA</u> espera. 후안은 <u>그녀를/당신을/그것을</u> 기다리지 않는다.

↓	↓
ME / TE	나를 / 너를
LO	그를 / 당신을 / 그것을
NOS / OS	우리들을 / 너희들을
LOS / LAS	그들을 / 그녀들을 / 당신들을 / 그것들을

> **참고**
> 목적 대명사는 항상 동사 앞에 두지만,
> 동사 원형이 포함된 경우에는 그 뒤에
> 붙여 쓸 수 있습니다.
>
> Voy a dar este libro a Bora.
> → Le voy a dar este libro
> = Voy a darle este libro.
>
> Voy a dar este libro a Bora.
> → Lo voy a dar a Bora
> = Voy a darlo a Bora.

- 직접·간접 목적 대명사의 위치는 항상 동사 앞입니다.
- Lo, la, los, las는 목적어가 사람이든 사물이든 그 성과 수에 따라
  변화합니다.

  Tienes <u>dos casas</u>. → <u>Las</u> tienes. 너는 집 두 채를 (그것들을) 가지고 있다.
  Ella tiene <u>muchos amigos</u>. → <u>Los</u> tiene. 그녀는 많은 친구들을 (그들을) 가지고 있다.

● 간접 목적 대명사

me	나에게	nos	우리들에게
te	너에게	os	너희들에게
le	그(그녀, 당신, 그것)에게	les	그들(그녀들, 당신들, 그것들)에게

Juan no <u>LE</u> vende la casa. 후안은 <u>그에게/그녀에게</u> 집을 팔지 않는다.

↓	↓
ME / TE	나에게 / 너에게
LE	그에게 / 그녀에게 / 당신에게 / 그것에게
NOS / OS	우리들에게 / 너희들에게
LES	그들에게 / 그녀들에게 / 당신들에게 / 그것들에게

Le는 위의 lo, la, los, las와 달리 목적어의 성별에 따라 변화하지 않습니다.

Doy una flor <u>a Bora</u>. → <u>Le</u> doy una flor. 난 보라에게(그녀에게) 꽃을 한 송이 준다.

Leo un libro <u>a mi abuelo</u>. → <u>Le</u> leo un libro. 난 할아버지께(그에게) 책을 읽어 드린다.

042

Tengo frío.　　Yo también.

Antonio	¡Qué frío!
Bora	Yo también tengo mucho frío.
Antonio	Te dejo mi bufanda.
Bora	Gracias. Tengo dolor de cabeza por el frío.
Antonio	Vamos a tomar un café en aquel bar.
Bora	Bueno, yo voy a pedir leche caliente. Es que no tomo café nunca.

안또니오	정말 춥구나!
보라	나도 무척 추워.
안또니오	내 목도리를 네게 빌려줄게.
보라	고마워. 추위 때문에 머리가 아파.
안또니오	저 바에서 커피를 한잔 마시자.
보라	좋아. 나는 뜨거운 우유를 주문할 거야. 나는 커피 절대로 안 마시거든.

🆕 새 단어 및 표현

tener 가지다, 소유하다
frío *m.* 추위, 냉기
te 너를, 너에게
dejar 빌려주다, 내버려 두다
bufanda *f.* 목도리
dolor *m.* 고통
cabeza *f.* 머리
tomar 마시다, 먹다, 가지다, 타다
café *m.* 커피
pedir 부탁하다, 주문하다
leche *f.* 우유
caliente 뜨거운
Es que ~ 왜냐하면
nunca 결코 ~ 않다/이다

대화 TIP

- **¡Qué frío!**: 감탄문으로서 '¡Qué + 형용사 (+동사)!' 의 어순입니다.
- **Nunca**: 부정문에만 쓰이며 동사 앞이나 뒤에 위치합니다. 동사 앞에 쓸 때는 no를 생략하고 nunca만 쓰이지만, 동사 뒤에 쓸 때는 동사 앞에 no를 첨가해야 합니다.
  Nunca como carne. = No como carne nunca. 난 결코 고기를 먹지 않는다.
- **Pedir**: pido, pides, pide, pedimos, pedís, piden

Vamos a esperar a los padres.

Pero tengo mucha hambre.

Juan	Hola, Miguel. Ya estoy en casa. ¡Qué hambre tengo!
Miguel	Vamos a comer en el restaurante italiano. Invito yo.
Juan	¡Qué bien! ¡Qué suerte tengo!
Miguel	Vamos a esperar a los padres. Van a regresar pronto.
Juan	Pero tengo mucha hambre.
Miguel	Vamos a darles una sorpresa, hermano.
Juan	De acuerdo.

후안	안녕, 미겔. 나 돌아왔어. 배고파!
미겔	우리 이탈리아 식당에 밥 먹으러 가자. 내가 낼게.
후안	잘됐다! 운이 좋은데!
미겔	부모님을 기다리자. 곧 돌아오실 거야.
후안	하지만 난 배가 많이 고파.
미겔	그분들께 깜짝 선물을 드리자, 동생아.
후안	알았어.

새 단어 및 표현

ya 이제, 벌써, 이미
hambre *f.* 배고픔
italiano/a *m.* 이탈리아어
　　　　　　m.f. 이탈리아인
invitar 초대하다
suerte *f.* 운
esperar 기다리다
padres *m.* 부모
regresar 돌아오다
pronto 곧, 금방
dar 주다
les 그들(그녀들, 당신들)에게
sorpresa *f.* 놀라움
Tengo hambre. 배고파.
De acuerdo. 알았어.

대화 TIP

• **Hambre**: sed, fiebre, suerte 등과 마찬가지로 여성 명사입니다.

• **(Estar) De acuerdo**: '동의하다'. 타인의 의견에 동의나 반의를 표현할 때 씁니다.
　Estoy de acuerdo con mi papá. 나는 아빠와 같은 의견이다.

● 몸

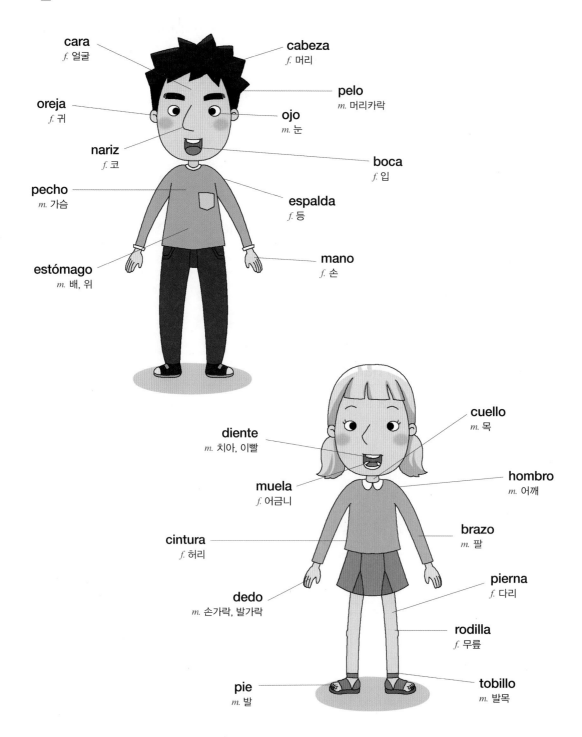

cara
f. 얼굴

cabeza
f. 머리

pelo
m. 머리카락

oreja
f. 귀

ojo
m. 눈

nariz
f. 코

boca
f. 입

pecho
m. 가슴

espalda
f. 등

estómago
m. 배, 위

mano
f. 손

cuello
m. 목

diente
m. 치아, 이빨

muela
f. 어금니

hombro
m. 어깨

cintura
f. 허리

brazo
m. 팔

dedo
m. 손가락, 발가락

pierna
f. 다리

rodilla
f. 무릎

pie
m. 발

tobillo
m. 발목

감탄하기

모양이나 성격에 대한 감탄

¡Qué guapa (es)!

A 정말 예쁘다!

유사한 기타 표현

¡Qué suerte (tengo)! 이런 행운이!

¡Qué bien! 잘됐네!

¡Qué bien habla español!
정말 스페인어 잘하네요!

주의

감탄문은 보통 '¡Qué + 명사 (형용사, 부사) + 동사!'의 어순을 따릅니다. 이때 명사나 형용사는 가리키는 대상의 성과 수에 일치해야 합니다.

¡Qué casa tan grande!

A 정말 큰 집이야!

유사한 기타 표현

¡Qué profesor(a) más bueno/a!
정말 좋은 선생님이야!

주의

감탄문은 '¡Qué + 명사 + tan(más) + 형용사!'의 어순을 따르기도 합니다.

행동에 대한 감탄

¡Cómo baila!

A 어찌나 춤을 잘 추는지!

유사한 기타 표현

¡Cómo come! 어찌나 잘 먹는지!

¡Cómo habla! 어찌나 말을 잘하는지!

주의

행위는 보통 '¡Cómo + 동사!'의 어순으로 감탄문을 만듭니다.

문법

1 주어진 동사를 주어에 맞게 형태를 바꿔 보세요.

(1) ¿_____ hermanos? (tener, vosotros)

(2) Te _____ estas flores. (dar, yo)

(3) _____ una hermana y un hermano. (tener, yo)

2 그림을 보고 Miguel의 상황을 표현해 보세요.

(1)   Miguel _____

(2)   Miguel _____

(3)   Miguel _____

(4)   Miguel _____

3 Lo, la, los, las를 이용하여 보기 와 같이 다음 질문에 답하세요.

> Modelo
>
> A ¿Limpias tu habitación?
>
> B Sí, la limpio. / No, no la limpio.

(1) A ¿Preparas la comida en casa?   B _____

(2) A ¿Lees el periódico?   B _____

(3) A ¿Lavas los platos?   B _____

★ limpiar 청소하다, 닦다 | preparar 준비하다 | comida *f.* 음식 | periódico *m.* 신문 | plato *m.* 접시, 요리

4 Me, te, le, nos, os, les를 이용하여 대답을 보기와 같이 완성하세요.

> Modelo A ¿Qué le regalas a Bora? B **Le** regalo unos libros.

(1) A ¿Qué le regalas a tu profesora? B _____ regalo esta bufanda.

(2) A ¿Qué me regalas? B _____ regalo un coche.

(3) A ¿Qué les regalas a tus padres? B _____ regalo una cena especial.

★ regalar 선물하다 | bufanda *f.* 목도리 | cena *f.* 저녁 식사 | especial 특별한

듣기 ● 녹음을 듣고 질문에 답하세요.

(1) ¿Qué le regala Carmen a su hermana Alicia?

① ② ③

046

(2) ¿Qué le regalan Pedro y Alicia a Carmen?

① ② ③

★ zapato *m.* 신발 | cumpleaños *m.* 생일 | perfume *m.* 향수 | guitarra *f.* 기타

읽기 ● 다음 표현에 가장 알맞은 상황을 연결하세요.

(1) Voy a viajar a Japón mañana. Este es el regalo de cumpleaños de mis padres. •
  • ① Estoy enferma.

(2) Tengo fiebre y mucho frío. No puedo ir a la escuela hoy. •
  • ② Hoy es mi cumpleaños.

(3) Ya tengo 24 años. Esta noche voy a dar una fiesta en mi casa. Vienen mis amigos. •
  • ③ Tengo mucha suerte.

★ regalo *m.* 선물 | fiebre *f.* 열 | fiesta *f.* 파티

문화 INSIGHT

스페인의 대표적인 유네스코 세계 문화유산

스페인은 현재 세계에서 네 번째로 많은 49개의 유네스코 세계 문화유산을 보유한 나라입니다.
1984년부터 지금까지 유형과 무형의 다양한 문화유산을 인정받은 것을 바탕으로
엄청난 수의 관광객을 유치하여 막대한 경제적 수익을 거두어들이고 있습니다.
이중 초기에 등재된 대표적인 문화유산 세 곳을 살펴보겠습니다.

알암브라 궁전 Alhambra

먼저, 스페인 남부 도시 Granada 그라나다의 언덕에 위치한 '붉은 성'을 뜻하는 Alhambra 알암브라는 13~4세기 이 도시를 지배했던 이슬람 수장의 궁전이자 요새이며 아름다운 정원입니다. 1492년 기독교 세력에 의해 이슬람이 축출될 때까지 수차례에 걸쳐 증축되었으며, 스테인드글라스와 궁전 내부 벽면을 장식한 기하학적 무늬의 타일, 화려한 문양의 천정, 얇은 기둥, 이슬람 건축에서 볼 수 없는 사자상 분수 등이 그 아름다움을 더하고 있습니다. 낙차를 이용한 연못과 분수가 배열된 아름다운 정원은 이곳을 사랑한 이슬람 군주들의 자긍심을 엿볼 수 있게 합니다.

가우디의 건축물

19세기 Barcelona 바르셀로나 모더니즘을 대표하는 건축가 Antonio Gaudí 안또니오 가우디(1852~1926)는 상공업 중심의 신흥 부르주아의 도시에 색을 입히고 생명력을 불어 넣은 건축물을 남긴 것으로 유명하지요. 추상적 형태에 기초한 과감한 곡선과 이슬람과 기독교 양식이 혼합된 Mudéjar 무데하르 양식을 응용하여 '성 가족 성당(Templo Expiatorio de la Sagrada Familia 뗌뽈로 엑스삐아또리오 데 라 사그라다 파밀리아)'를 비롯하여 '구엘 공원(Parque Güell 빠르께 구엘)', '까사 밀라 (Casa Milà)'와 같은 공동 주택 등을 남겼습니다. 한 번 보는 것만으로도 그의 독창성과 예술혼을 피부로 느낄 수 있습니다.

메스끼따 Mezquita

8세기부터 이슬람 문명이 꽃폈던 스페인의 남부 도시 Córdoba 꼬르도바는 13세기 기독교인에 의해 재정복된 후 모스크의 일부가 성당으로 탈바꿈하였고, 그 결과 두 종교의 성전이 한 공간에 공존하는 현재의 Mezquita 메스끼따로 변모하게 되었습니다. 적·백색 벽돌의 이중 구조 아치는 내부를 실제보다 더 높게 보이도록 만들고, 단순한 선이 만드는 공간 사이에 자리한 채색 타일과 칼리그래프는 이곳이 스페인이 맞는지 잠시 의구심을 갖게 합니다.

Capítulo 09

Te quiero a ti.

동영상 강의

● 불규칙 동사 Hacer, Querer

● 전치격 인칭 대명사

● 직·간접 목적 대명사가 둘 다 쓰이는 경우와 Se

¿Me quieres a mí?
나를 사랑해?

Sí, te quiero mucho.
응, 너를 무척 사랑해.

● 불규칙 동사 Hacer, Querer

	Hacer (하다)	**Querer** (원하다, 좋아하다)
yo	ha**go**	quiero
tú	haces	quieres
él, ella, Ud.	hace	quiere
nosotros/as	hacemos	queremos
vosotros/as	hacéis	queréis
ellos, ellas, Uds.	hacen	quieren

> 질문법 ¿Qué **haces**? 너 뭐 하니? / ¿**Haces** deporte? 너 운동하니?
>
> ¿Qué **quieres**? 무엇을 원하니? / ¿**Quieres** pizza? 피자 (먹기를) 원해?
>
> ¿Me **quieres**? 나를 사랑하니? / ¿**Quieres** ir a casa? 집에 가고 싶어?

Querer: 목적어와 함께 쓰여 ① '(사물) ～을/를 원하다' ② '(사람) ～을/를 사랑하다' ③ 목적어가 동사 원형일 경우 '～을/를 하고 싶다'를 뜻합니다.

Quiero un coche. 자동차를 갖고 싶다. / Te quiero. 널 사랑해.

Quiero darte este libro. 나는 이 책을 너에게 주고 싶다.

- 사람이 직접 목적어일 때는 반드시 **a**를 목적어인 사람 앞에 놓습니다.

  사람 Quiero a José. 난 호세를 사랑해. → Lo quiero. 난 그를 사랑해.

  Ella quiere llamar a sus padres. 그녀는 자신의 부모님을 부르고 싶어 한다.

  → Los quiere llamar. 그녀는 그들을 부르고 싶어 한다.

  사물 ¿Quieres un coche? 차를 갖고 싶니? → ¿Lo quieres? 그것을 갖고 싶니?

> 주의
> 모든 동사는 특정한 사람을 직접 목적어로 쓸 때 (～을/를) 그 사람 앞에 **a**를 붙입니다.
> Minsu espera a Bora. 민수는 보라를 기다린다.
> Ayudamos a la abuela. 우리는 할머니를 도와 드린다.

● 전치격 인칭 대명사

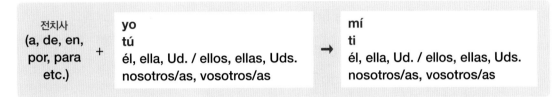

- **전치사 + yo, tú**: yo는 mí로, tú는 ti로 형태가 바뀝니다. 다른 대명사와는 형태가 변하지 않습니다.

  Yo te quiero a ti. 난 너를 사랑해. / Bora está detrás de mí. 보라는 내 뒤에 있다.

  > **주의**
  > mi 나의 (소유사)
  > mí (전치사와 yo가
  > 함께 쓰일 때의 형태)

- Con 과는 예외로 'con + mí'는 conmigo로, 'con + ti'는 contigo로 바뀝니다.

  ¿Bailas conmigo? 나랑 춤출래? / ¿No vas con nosotras? 우리와 함께 가지 않니?

● 직·간접 목적 대명사가 둘 다 쓰이는 경우와 Se p.97 참조

- 직·간접 목적 대명사는 'a mí, a ti, a él/ella/Ud., a nosotros/as, a vosotros/as, a ellos/ellas/Uds.'의 형태로 중복 사용되는 경우가 많습니다.

  ¿Me quieres a mí? 넌 나를 사랑하니? / Le doy dinero a ella. 난 그녀에게 돈을 준다.

  > **주의**
  > 동사 원형 뒤에 붙더라도 간접
  > 목적 대명사가 직접 목적 대명
  > 사 앞입니다. 이때 동사의 원래
  > 강세 위치에 부호를 찍습니다.

- 직·간접 목적 대명사가 함께 쓰이는 경우, 간접 목적 대명사가 직접 목적 대명사 앞에 위치합니다.

  ¿Me das estas flores a mí? 내게 이 꽃들을 줄래? → ¿Me las das (a mí)?
  Te quiero dar esto. 네게 이것을 주고 싶어. → Te lo quiero dar. (= Quiero dártelo).

- 3인칭 목적 대명사끼리 쓰일 때는 간접 목적 대명사 le, les가 se로 바뀝니다. 이 se는 복수(les)를 대신하더라도 형태가 변하지 않습니다.

le / les	+	lo / la los / las	→	se	+	lo / la los / las

  Le doy un perfume a Bora. 난 보라에게 향수를 준다. → Se lo doy. (Le lo doy [×])

¿Qué vas a hacer este fin de semana?

Quiero ir al cine. Y tú, ¿qué vas a hacer?

Nacho	¿Qué vas a hacer este fin de semana?
Minsu	Quiero ir al cine. Y tú, ¿qué vas a hacer?
Nacho	Nada. ¿Puedo ir contigo?
Minsu	Por supuesto. Luego, quiero visitar el Museo Nacional.
Nacho	Cerca de allí vive mi mejor amigo. Te lo quiero presentar.
Minsu	Muy bien. ¿También quieres ir al museo conmigo?
Nacho	Yo sí, pero mi amigo, no sé. Se lo voy a preguntar a mi amigo.

나초	이번 주말에 뭐 할 거야?
민수	극장에 가고 싶어. 너는 뭐 할 거야?
나초	아무것도 안 해. 너랑 가도 될까?
민수	물론이지. 그 다음에 난 국립 박물관을 방문하고 싶어.
나초	거기서 가까이에 내 가장 친한 친구가 살아. 네게 그를 소개해 주고 싶어.
민수	아주 좋지. 박물관에도 나와 같이 가고 싶어?
나초	나는 그렇지만 내 친구는 모르겠어. 내 친구에게 그걸 물어볼게.

대화 TIP

- **Fin de semana**: 말 그대로 '주의 끝(주말)'을 뜻합니다. 관사(el)나 지시사(este) 등은 남성 명사인 fin에 일치합니다.

- **Nada**: '아무것도 (없다/아니다)' 부정문에 쓰이며 위의 대화에서는 (No voy a hacer) Nada를 뜻합니다.

- **Se lo voy a preguntar a mi amigo**: 목적어를 중복하여 사용하는 경우가 많은데, 특히 간접 목적어의 경우가 그러합니다.

새 단어 및 표현

hacer 하다, 만들다
fin de semana *m.* 주말
querer 원하다, 사랑하다
cine *m.* 극장
nada 아무것도 (없다/아니다)
contigo 너와 함께
luego 이후에, 다음에
museo *m.* 박물관, 미술관
mejor 더 좋은, 더 나은
presentar 소개하다
preguntar 질문하다
Por supuesto. 물론이지.

Miguel	¿Me dejas un bolígrafo, por favor?
Bora	Claro, te lo dejo. Toma.
Miguel	¿Me puedes dar unos papeles también?
Bora	Sí, te los doy.
Miguel	Bora, ¿puedes dejarme el diccionario?
Bora	Ahora no puedo. Lo voy a usar yo.

미겔	볼펜 하나 좀 빌려줄래?
보라	물론이지. 네게 그것을 빌려줄게. 받아.
미겔	종이도 몇 장 줄 수 있어?
보라	응, 네게 줄게.
미겔	보라야, 사전도 좀 빌려줄래?
보라	지금은 안 돼. 내가 그것을 쓸 거거든.

대화 TIP

- **Claro (= Claro que sí):** 강한 긍정의 대답입니다.
- **Te lo dejo = Te dejo un bolígrafo.** 네게 그것을 빌려줄게.
  Te los doy = Te doy unos papeles. 네게 그것들을 줄게.
- **Toma:** Tomar 동사는 '가지다, 먹다, 마시다, 타다' 등을 뜻합니다. 사물을 건네줄 때는 '받아'의 의미로 사용하며, 상대 (tú-usted)에 따라 toma나 tome를 선택적으로 사용합니다.

새 단어 및 표현

me 나를, 나에게
bolígrafo *m.* 볼펜
papel *m.* 종이
diccionario *m.* 사전
usar 이용하다, 쓰다
claro 물론이지.
Te lo dejo. 네게 그것을 빌려줄게.
Toma/e. 받아. / 받으세요.

불규칙 동사의 유형

● 어근의 모음 변화: e → ie

pensar	**cerrar**	**perder**	**empezar**
생각하다 (pienso)	닫다 (cierro)	잃어버리다 (pierdo)	시작하다 (empiezo)

● 어근의 모음 변화: o → ue

dormir	**probar**	**soñar**	**contar**
자다 (duermo)	먹어 보다, 입어 보다, 시험해 보다 (pruebo)	꿈꾸다 (sueño)	세다, 이야기하다 (cuento)

● 어근의 모음 변화: e → i

pedir	**servir**	**seguir**	**vestir**
부탁하다, 청하다 (pido)	봉사하다, 서빙하다 (sirvo)	따르다, 계속하다 (sigo)	옷 입다 (visto)

초대 받아들이기 / 초대 거절하기

초대(제안) 하기

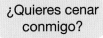

> ¿Quieres cenar conmigo?

A 나와 저녁 먹을래요?

A의 기타 표현

Te invito a cenar.
저녁 식사에 초대할게요.

Vamos a cenar juntos.
저녁 식사를 함께 합시다.

¿Por qué no cenamos juntos?
저녁 식사 함께 하지 않을래요?

초대(제안) 받아들이기

> Sí, por supuesto.

A 네, 물론이에요.

B의 기타 표현

Vale, de acuerdo., OK. 알았어요.
¡Con mucho gusto! 기꺼이 그러죠!
Buena idea. 좋은 생각이에요.

초대(제안) 거절하기

> Hoy no puedo.

A 오늘은 힘들어요.

B의 기타 표현

Imposible. 불가능해요.

Muchas gracias, pero no puedo.
고맙지만 안 돼요.

Lo siento, pero tengo otro compromiso.
미안하지만 다른 약속이 있어요.

문법

1 주어진 동사를 주어에 맞게 형태를 바꿔 보세요.

(1) ¿Qué _____ los niños? (hacer)

(2) Bora y yo _____ volver a casa. (querer)

(3) _____ muy buenas comidas. (hacer, Ud.)

★ volver 돌아가다 | comida *f.* 음식

2 주어진 단어를 빈칸에 알맞게 바꿔 넣으세요.

(1) La profesora está delante de _____ (yo).

(2) Hoy cenamos con _____ (ustedes).

(3) Ella te da comida a _____ (tú).

(4) Esta tarde Miguel estudia con _____ (yo).

3 다음 단어들을 이용하여 보기 와 같이 질문에 답하세요.

me	te	le/les	se	lo/la/los/las	nos	os

Modelo

A ¿Le das *esto a Bora*?

B Sí, *se lo* doy. / No, no se lo doy.

(1) A ¿Te explican los profesores las lecciones 3 y 4?

B _____

(2) A ¿Le mandas los paquetes a tu madre?

B _____

(3) A ¿Les das la noticia a los profesores?

B _____

★ explicar 설명하다 | lección *f.* 과 | mandar 보내다, 부치다 | paquete *m.* 소포 | noticia *f.* 소식, 뉴스

● 녹음을 듣고 질문에 답하세요.

(1) ¿Qué hace Carlos los fines de semana?

051

① 　② 　③ 　④

(2) ¿Qué quiere hacer María este fin de semana?

① 　② 　③ 　④

★ visitar 방문하다

읽기

● 다음 글을 읽고 질문에 답하세요.

> Todos los fines de semana Bora limpia la casa y lava la ropa. A veces va al cine con sus amigos. Pero hoy es su cumpleaños y quiere invitar _____ los amigos _____ su casa para cenar juntos. Sus amigos le van _____ regalar libros, flores o ropa.

(1) 빈칸에 공통으로 들어갈 말을 고르세요.

　① a　　　　　　　　　② de　　　　　　　③ con

(2) 이 글의 핵심 내용은 무엇입니까?

　① 보라의 일상생활　　　② 보라의 생일　　　③ 보라의 친구들

★ ropa *f.* 옷 ｜ junto/a 함께

라틴 아메리카의 대표적인 축제 I

망자의 날 축제 Dia de Muertos

멕시코를 필두로 과테말라와 볼리비아 등지에서 11월 1일에서 2일까지 벌어지는 '망자의 날(Día de Muertos 디아 데 무에르또스)' 행사는 기본적으로 죽은 이들을 기념하는 의식입니다. 2008년에 유네스코 세계 문화유산으로 등재된 이 축제는 과거 원주민의 토착 신앙과 11월 1일 가톨릭 '위령의 날' 의식이 혼합되어 정착된 결과입니다. 해골 복장을 한 아이들이 집집마다 사탕을 얻으러 다니는 것 또한 시기적으로 비슷한 미국의 핼러윈 문화가 융합되어 생긴 것입니다. 죽은 친인척을 위해 사진과 촛불, 음식, 꽃 장식 등으로 화려하게 꾸민 제단을 마련하고, 그들을 추억하는 동시에 죽음과 삶이 그리 멀리 있지 않다는 사실을 흥겹고 활기 넘치는 분위기에서 다시 한번 확인합니다.

오루로 카니발 Carnaval de Oruro

볼리비아의 Oruro 오루로는 해발 3735m에 위치한 광산 도시로, 부활절을 앞둔 사순절 전주에 이곳에서 벌어지는 카니발은 수십 만 명의 관광객을 불러들이며 4일간 진행됩니다. 유네스코 세계 문화유산으로 등재된 이 카니발은 광부들의 수호성녀인 Socavón 소까본 성녀를 기리기 위해 시작되었습니다. 카니발 기간 동안 사람들은 강렬한 색상의 화려한 의상을 입고 밴드와 함께 춤을 추며 거리 퍼레이드를 벌이고 물 풍선을 던지기도 합니다. 또한 악마를 형상화한 기묘한 탈을 쓰고 타 지역에서 볼 수 없는 독특한 악마의 춤을 추는 것으로 유명합니다. 개막식에는 시내에서 소까본 성당에 이르는 4km의 길을 2~3만 명에 달하는 사람들이 춤을 추며 행진하는 진귀한 모습을 볼 수 있다고 합니다.

Capítulo 10

Hoy hace buen tiempo.

동영상 강의

- 날씨 표현
- 경과된 시간 표현
- 불규칙 동사 Salir, Volver, Ver
- Tener que + 동사 원형 / Hay que + 동사 원형

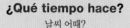

¿Qué tiempo hace?
날씨 어때?

Hace tres horas
que llueve.
세 시간 전부터 비가 와.

● 날씨 표현

Hacer 동사는 날씨 표현에도 쓰입니다. 이때는 항상 3인칭 단수형 hace만을 사용합니다.

Hace	(mucho) frío / calor / viento / sol.	(매우) 춥다 / 덥다 / 바람 불다 / 화창하다
	fresco.	쌀쌀하다
	(muy) buen tiempo / bueno.	날씨가 (매우) 좋다
	(muy) mal tiempo / malo.	날씨가 (매우) 나쁘다

Llover	→	Llueve (mucho / un poco).	비가 (많이, 조금) 오다
Nevar	→	Nieva (mucho / un poco).	눈이 (많이, 조금) 오다
		Está nublado.	흐리다, 구름 끼다
		Hay niebla.	안개 끼다

질문법 ¿Qué tiempo hace (hoy, mañana...)? (오늘, 내일 …) 날씨가 어때요?

¿Llueve? 비와요?

주의
tiempo *m.* 날씨, 시간

참고

bueno, malo는 <u>남성 명사 단수형</u> 앞에서 buen, mal로 바뀝니다. (※ 7과 primer, tercer 참고)
un buen(mal) profesor, un buen(mal) libro / un profesor bueno, unos buenos estudiantes, una buena comida

● 경과된 시간 표현

경과된 시간 표현   Hace + 시간 단위 + que + 행위 (동작/상태): ~한 지 ~되었다

질문법 ¿Cuánto tiempo (cuántas semanas, cuántos meses...) hace que ~?

언제부터 ~하고 있어요? (~한 지 얼마나 되었어요?)

A ¿Cuánto tiempo hace que estudias español?
스페인어 공부한 지 얼마나 되었니?

B Hace cuatro meses (que estudio español).
4개월 전부터 (스페인어를 공부하고 있어).

참고

① 대답의 경우, 질문 내용의 반복을 피하기 위해 que 이후를 생략할 수 있습니다.
    Hace cuatro meses (que estudio español).
② que: 강세 부호가 없는 que는 절을 연결할 때 사용됩니다.

Tengo que volver pronto.
일찍 돌아가야만 해요.

● 불규칙 동사 Salir, Volver, Ver

	Salir (나가다, 출발하다)	**Volver** (돌아가다)	**Ver** (보다)
yo	sal**go**	**vu**elvo	**v**eo
tú	sales	**vu**elves	ves
él, ella, Ud.	sale	**vu**elve	ve
nosotros/as	salimos	volvemos	vemos
vosotros/as	salís	volvéis	veis
ellos, ellas, Uds.	salen	**vu**elven	ven

A ¿De dónde sales? 너는 어디에서 출발하니?

B Salgo de casa. 집에서 출발해.

A ¿Cuándo vuelve Bora a Corea? 보라는 언제 한국에 돌아가?

B Vuelve hoy. 오늘 가.

¿Ves la TV? 너 TV 보니? / Quiero verte a ti. 난 너를 보고 싶다.

> **참고**
> **Salir**: 출발지를 나타내는 전치사 de와 함께 쓰여 근원지를 나타냅니다.
> **Volver**: 방향을 나타내는 전치사 a와 함께 쓰여 목적지를 나타냅니다.

● Tener que + 동사 원형 / Hay que + 동사 원형

> **Tener que** + 동사 원형: 상황에 의해 발생한 개인적인 일에서의 의무 표현

Este fin de semana tengo que trabajar. 나는 이번 주말에 일해야만 해.

Bora tiene que ir a la escuela temprano. 보라는 학교에 일찍 가야만 한다.

> **Hay que** + 동사 원형: 일반적인 개념에서의 의무 표현

Para ser profesor hay que estudiar mucho. 선생님이 되려면 공부를 많이 해야 한다.

No hay que hablar alto en el cine.
영화관에서는 크게 말해서는 안 된다.

> **참고**
> **No tener que** + 동사 원형: '~할 필요 없다'의 의미로도 쓰입니다.
> Mañana no tengo que trabajar. Es fiesta. 내일 일 할 필요 없다. 공휴일이다.

¿Qué tiempo hace hoy?

Hace muy buen tiempo.

Antonio	¿Qué tiempo hace hoy?
María	Hace buen tiempo. ¿No quieres salir conmigo?
Antonio	¿Adónde?
María	Vamos a salir a pasear. Hace dos días que no sales de casa.
Antonio	Ya lo sé. Pero tengo que terminar el trabajo.
María	Tienes que descansar un poco.

안또니오	오늘 날씨 어때?
마리아	너무 좋은 날씨야. 나랑 외출 하지 않을래?
안또니오	어디로?
마리아	우리 산책하러 나가자. 넌 이틀 전부터 집에서 나가지 않았어.
안또니오	알아. 하지만 일을 끝내야만 해.
마리아	넌 좀 쉬어야만 해.

새 단어 및 표현

tiempo *m.* 시간, 날씨
salir 나가다, 출발하다
conmigo 나와 함께
terminar 끝내다
trabajo *m.* 일, 직장
descansar 쉬다, 휴식하다
¿Qué tiempo hace hoy?
오늘 날씨 어때?
Hace buen tiempo.
너무 좋은 날씨야.

대화 TIP

Vamos a salir a <u>pasear</u>: 'salir a + 동사 원형'은 외출의 목적을 나타냅니다.
　　　　　　　　　外출의 목적

un poco 조금, 약간	poco 거의 ~ 없다(않다)
Estudio un poco. 조금 공부한다.	Estudio poco. 거의 공부하지 않는다.

118

Ahora no quiero salir.

Hay que traerlo.

Juan	Nieva mucho. Hace unas horas que nieva así.
Miguel	Es verdad. Por cierto, no veo tu abrigo.
Juan	Lo tengo en la tintorería.
Miguel	¿Por qué no lo traes? ¿No lo vas a llevar mañana?
Juan	Ahora no quiero salir.
Miguel	Hay que traerlo. Va a nevar más. Si no vas a salir, yo voy a la tintorería.
Juan	Vale, ahora voy.

후안	눈이 엄청 와. 이렇게 눈이 온 지 몇 시간 되었어.
미겔	맞아. 그런데 네 코트가 안 보이네.
후안	세탁소에 있어.
미겔	가지고 오지 그래? 내일 그것을 입지 않을 거야?
후안	지금은 나가고 싶지 않아.
미겔	가지고 와야만 해. 눈이 더 내릴 거야. 네가 나가지 않는다면 세탁소에 내가 갈게.
후안	좋아, 지금 갈게.

대화 TIP

• Ver는 시각을 감지하는 수동적 행위를 뜻하며, Mirar는 보는 행위에 주의력이 포함된 경우에 사용합니다.

• **Lo tengo en la tintorería**: 직역하면 '그것을 세탁소에 가지고 있다'는 뜻이지만, 소유물(코트)의 위치를 나타낼 때 씁니다.

• **Va a nevar más**: 날씨 표현에는 주어가 없으므로 'ir a + 동사 원형' 구문의 ir 동사도 날씨를 나타내는 hace와 마찬가지로 3인칭 단수형 va를 사용합니다.

• **Traer**: traigo, traes, trae, traemos, traéis, traen

새 단어 및 표현

nevar 눈 오다
hora *f.* 시간
así 이렇게, 그렇게
ver 보다
abrigo *m.* 코트
tintorería *f.* 세탁소
traer 가지고 오다, 데려오다
llevar 입다, 걸치다, 가져가다
ahora 지금
más 더
si 만일 ~라면
vale 좋아., OK

추가 **단어**

Más Vocabulario

054

● 달력 보기

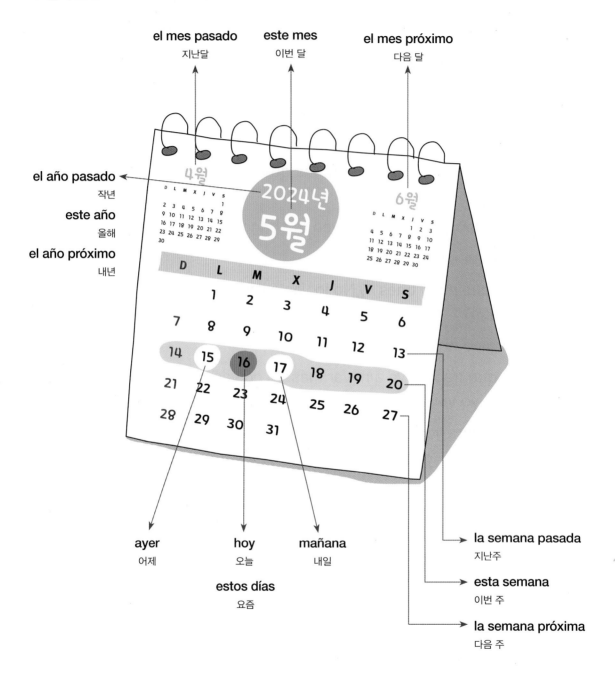

el mes pasado
지난달

este mes
이번 달

el mes próximo
다음 달

el año pasado
작년

este año
올해

el año próximo
내년

ayer
어제

hoy
오늘

mañana
내일

estos días
요즘

la semana pasada
지난주

esta semana
이번 주

la semana próxima
다음 주

일상적인 표현 II

잠깐만 기다려 주세요.

Espera un momento, por favor.

No hay prisa.

A　잠깐만 기다려 주세요.
B　천천히 하세요., 괜찮아요.

B의 기타 표현

No te preocupes. 걱정 말아.
No se preocupe. 걱정 마세요.

미안해요.

¡Perdone!

No importa.

A　미안해요!
B　괜찮아요.

A의 기타 표현

Perdona. 미안해.
¡Perdón! 미안해요!

B의 기타 표현

No pasa nada. 괜찮아요.

괜찮아요?

¿Está bien?

No hay problema.

A　괜찮아요?
B　문제없어요.

A의 기타 표현

¿Puedes? 할 수 있어?
¿Puede? 할 수 있어요?

시간이 얼마나 걸려요?

¿Cuánto tiempo tarda?

Depende.

A　시간이 얼마나 걸려요?
B　그때그때 달라요.

B의 기타 표현

Tardo una hora. 한 시간 걸려요.

참고

Espera/espere, no te preocupes/no se preocupe, perdona/perdone, estás/está 의 선택은 상대(tú 혹은 usted)에 따라 달라집니다.

문법

1 주어진 동사를 주어에 맞게 형태를 바꿔 보세요.

(1) ¿Cuándo _____? (salir, tú)

(2) Hoy _____ pronto. (volver, yo)

(3) No _____ mis zapatos favoritos. (ver, yo)

★ pronto 곧, 금방 | zapato *m.* 신발 | favorito/a 선호하는, 좋아하는

2 다음 날씨를 스페인어로 표현해 보세요.

Modelo Hace buen tiempo.

(1) 　　(2) 　　(3)

_____　_____　_____

3 다음 표현들을 연결하여 문장을 완성하세요.

- ① ser honesto para trabajar en el banco.

(1) Hay que ・

- ② limpiar la habitación.

- ③ comer más verdura.

(2) Tienes que ・

- ④ estar en casa esta tarde.

★ honesto/a 정직한 | banco *m.* 은행 | limpiar 청소하다 | verdura *f.* 채소

4 다음 지도를 보고 질문에 답하세요.

(1) ¿Qué tiempo hace en Madrid?

(2) ¿Qué tiempo hace en Sevilla?

(3) ¿Qué tiempo hace en Barcelona?

(4) ¿Qué tiempo hace en Valencia?

듣기 ● 녹음을 듣고 질문에 답하세요.

056

(1) ¿Cuánto tiempo hace que Lara estudia español?

   ① un año   ② un mes   ③ una semana

(2) ¿Qué tenemos que hacer para hablar bien el español?

   ① Cantar las canciones españolas

   ② Hablar siempre en español

   ③ Hablar con la profesora

★ novela *f.* 소설 | película *f.* 영화 | cantar 노래하다

읽기 ● 다음 질문에 해당하는 대답을 찾아 연결하세요.

(1) ¿Qué tiempo hace hoy?   ●   ● ① Hay que comer frutas.

(2) ¿Cuánto tiempo hace que   ●   ● ② Hace cinco semanas.
      estudias español?

(3) ¿Qué tienes que hacer hoy?   ●   ● ③ Tengo que estudiar.

(4) ¿Qué hay que hacer para vivir   ●   ● ④ Hace muy buen tiempo.
      100 años?

라틴 아메리카의 대표적인 축제 II

태양의 축제 Inti Raymi

태양의 축제인 **Inti Raymi** 인띠 라이미는 잉카 제국의 수도였던 페루의 **Cuzco** 꾸스꼬에서 매년 6월 24일 성대하게 펼쳐집니다. '인띠'는 inca 잉카 족의 고유어인 께추아어(quechua)로 '태양'을 가리키고, '라이미'는 '축제' 를 의미합니다. 스스로를 태양의 자손이라고 생각했던 잉카인에게 이 축제 는 매우 중요한 제사 의식이었으므로 태양신의 아들인 왕이 직접 주재했었 다고 합니다. 이 축제는 원래 잉카 달력으로 동짓날인 6월 21일에 거행되 었는데, 태양의 힘이 다시 강성해지길 기원하며 이 날을 새해 첫날로 삼았 다고 합니다. 1944년에 다시 거행되기 시작한 이 축제는 꾸스꼬의 요새 도 시 **Sacsayhuamán** 삭사이와망과 꾸스꼬 시내에서 진행되며, 안데스 곳곳 의 원주민들이 전통 의상을 입고 모여들어, 춤, 노래와 함께 과거의 영화를 그리워하며 자신들의 정체성을 되새기는 계기로 삼고 있습니다.

멕시코 원주민의 축제 Guelaguetza

멕시코 원주민의 흥을 알리는 **Guelaguetza** 겔라겟짜 축 제는 보통 7월 16일 이후 두 번의 월요일에 걸쳐 멕시코 **Oaxaca** 오아하까 주에서 개최됩니다. 이 축제는 16세기 스페인의 정복 이전 풍요의 신에게 제를 올리던 풍습에서 비롯되었다고 하지요. 스페인의 정복 이후 가톨릭 전통 과 혼합되었으나 1932년 이후 공식적인 행사로 승인되 었다고 합니다. 약 열흘간 춤과 풍부한 음식, 각종 공연과 함께 진행되는 이 축제는 zapoteca 사뽀떼까 원주민어로 '공물, 협력' 등을 의미하며, 오아하까 8개 지역의 대표들이 전통 의상 을 입고 춤을 추고, 옥수수 아가씨를 선발해 문화적 정체성을 대변하 는 역할을 맡기기도 한답니다.

¿Qué hora es?

- 숫자 11~100
- ¿Qué hora es?
- 계절, 날짜, 요일 표현
- ¿A qué hora + 동사?

¿Qué hora es?
몇 시야?

Es la una y veinte.
1시 20분이야.

● 숫자 11~100

11	once	21	veintiuno/a	31	treinta y uno/a
12	doce	22	veintidós	32	treinta y dos
13	trece	23	veintitrés		⋮
14	catorce	24	veinticuatro	40	cuarenta
15	quince	25	veinticinco	50	cincuenta
16	dieciséis	26	veintiséis	60	sesenta
17	diecisiete	27	veintisiete	70	setenta
18	dieciocho	28	veintiocho	80	ochenta
19	diecinueve	29	veintinueve	90	noventa
20	veinte	30	treinta	100	cien

- 21, 31 등 uno가 합성된 수는 여성형이 있습니다.

  veintiuna casas 스물한 채의 집들 / treinta y una noches 서른한 밤

- uno 및 uno가 합성된 숫자는 <u>남성 명사 앞에서 어미 -o가 탈락한</u> un으로 씁니다.

  un libro 한 권의 책 / veintiún libros 스물한 권의 책들 /
  treinta y un libros 서른한 권의 책들
  una chica 한 명의 소녀 / veintiuna chicas 스물한 명의 소녀들

> **주의**
> 십 자리 수의 강세는 1자리에 오기 때문에 강세 부호를 붙이는 경우도 있습니다. (dieciséis, veintidós...)
> -o가 탈락한 veintiún 또한 1에 강세를 주기 위해 강세 부호 ′를 첨가합니다.
> (veintiún estudiantes)

● ¿Qué hora es?

01:00	**Es la una.** 1시이다.		01:15	**~ y cuarto** (= quince): ~시 15분 Es la una **y cuarto.** 1시 15분이다.
02:00	**Son las dos.** 2시이다.		06:30	**~ y media** (= treinta): ~시 30분 Son las seis **y media.** 6시 30분이다.
03:10	**~ y ~:** ~시 ~분 Son las tres y diez. 3시 10분이다.		09:52	**~ menos ~:** ~시 ~분 전 Son las diez **menos** ocho. 10시 8분 전이다.

- 동사는 시간이 단수(1시)일 때 es를, 시간이 복수(2~24시)일 때 son을 사용합니다.
- 시간(hora)은 여성이므로 1시는 숫자 una로 표현합니다. 또한 1시 앞에는 반드시 여성 정관사 la를, 2시~24시 앞에는 las를 씁니다.

> **참고**
> 오전 (밤) 9시
> Son las nueve **de la mañana**
> (혹은 **de la noche**).
>
> 오후 6시
> Son las seis **de la tarde.**

¿A cuántos estamos hoy?
오늘 며칠이지?

Estamos a tres de enero.
1월 3일이야.

● 계절, 날짜, 요일 표현

Estación 계절		Mes 월			Días de la semana 요일
invierno	겨울	enero 1월	febrero 2월		월 lunes
primavera	봄	marzo 3월	abril 4월	mayo 5월	화 martes
verano	여름	junio 6월	julio 7월	agosto 8월	수 miércoles
otoño	가을	septiembre 9월	octubre 10월	noviembre 11월	목 jueves
invierno	겨울	diciembre 12월			금 viernes

Días de la semana 요일

월 lunes
화 martes
수 miércoles
목 jueves
금 viernes
토 sábado
일 domingo

며칠이에요?	A ¿**A cuántos estamos** hoy (mañana)? 오늘(내일)은 며칠이에요? B (Hoy) Estamos a 9 de enero. 1월 9일이에요.
무슨 요일이에요?	A ¿**Qué día es** hoy (el día 9)? 오늘(9일)은 무슨 요일이에요? B (Hoy) Es jueves. 목요일이에요.
언제예요?	A ¿**Cuándo es** tu cumpleaños? 네 생일은 언제니? B (Mi cumpleaños) Es el 9 de enero. 1월 9일이야.

요일명 sábado, domingo만 단·복수형이 다르고 다른 요일명은 동일
합니다. 하루인지, 여러 날인지 구분을 위해서는 보통 정관사나 지시사를
요일명과 함께 사용합니다.

> 주의
> En los lunes estudio español. (×)
> Los lunes estudio español. (○)

El miércoles salgo a París. 난 수요일에 파리로 출발한다.
¿Tienes clases (todos) los viernes? 너 금요일마다 수업이 있니?

● ¿A qué hora + 동사?

질문과 대답이 동일하게 'a + 시간'의 구조입니다.

질문법　A ¿**A qué hora** cenas? 몇 시에 저녁 먹어?　B (Ceno) A las ocho. 8시에 먹어.

¿A qué hora va normalmente?

Voy a las siete y media.

Antonio	Buenos días, profesora. ¿Adónde va?
Profesora	Voy a trabajar.
Antonio	¿A qué hora va normalmente?
Profesora	Voy a las siete y media.
Antonio	¿Vuelve tarde a casa?
Profesora	No, vuelvo a las seis y media más o menos.
Antonio	¡Uy! ¿Qué hora es? ¿No es tarde?
Profesora	¡Son las siete y cuarenta! ¡Tengo que correr!

안또니오	안녕하세요, 선생님. 어디 가세요?
선생님	나는 일하러 가는 길이에요.
안또니오	보통 몇 시에 가세요?
선생님	7시 반에 가요.
안또니오	댁에는 늦게 돌아오세요?
선생님	아니요, 대략 6시 반쯤 돌아와요.
안또니오	어이쿠! 몇 시지? 늦지 않으셨어요?
선생님	7시 40분이네! 뛰어가야 하겠는걸!

대화 TIP

- **a**: 시간을 표현할 때 항상 정관사 la, las와 함께 쓰입니다.

  Voy a las ocho. (○)　　Voy a ocho. (✕)

  Son las siete. (○)　　Son siete. (✕)

- **Son las ocho = Son las ocho en punto**: en punto는 '정각에'라는 뜻입니다.

- **Cuándo와 A qué hora의 비교**

  A ¿<u>Cuándo</u> cenas con Bora? 언제 보라와 저녁 먹니?

  B Cenamos esta noche. 오늘 밤 먹어.

  A ¿<u>A qué hora</u> cenas con Bora? 몇 시에 보라와 저녁 먹니?

  B Cenamos a las nueve. 9시에 먹어.

새 단어 및 표현

normalmente 보통
media 절반의, 30분
más o menos 대략
correr 뛰다, 달리다
¿Qué hora es? 몇 시지?

¿A cuántos estamos hoy?

Estamos a 12 de diciembre.

Juan	¿Cuándo es tu cumpleaños?
Bora	El 19 de agosto. ¿Y tu cumpleaños?
Juan	Es este viernes.
Bora	¿A cuántos estamos hoy?
Juan	Estamos a 12 de diciembre.
Bora	Pues, tu cumpleaños es el día 15. ¡Felicidades!

후안   네 생일은 언제니?
보라   8월 19일이야. 네 생일은?
후안   이번 금요일이야.
보라   오늘이 며칠이지?
후안   12월 12일이야.
보라   그럼, 네 생일은 15일이구나.
        축하해!

새 단어 및 표현

cumpleaños *m.* 생일
agosto *m.* 8월
viernes *m.* 금요일
diciembre *m.* 12월
¿Cuándo es tu cumpleaños?
네 생일은 언제니?
¿A cuántos estamos hoy?
오늘이 며칠이지?
¡Felicidades! 축하해!

대화

- ¿Qué fecha es (hoy)?로도 날짜를 물을 수 있습니다. 이 경우 Es 12 de diciembre 라고 대답합니다.

- 매달 1일은 primero로도 표현할 수 있습니다.:
  Es uno (primero) de abril. = Estamos a uno(primero) de abril.

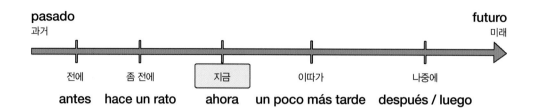

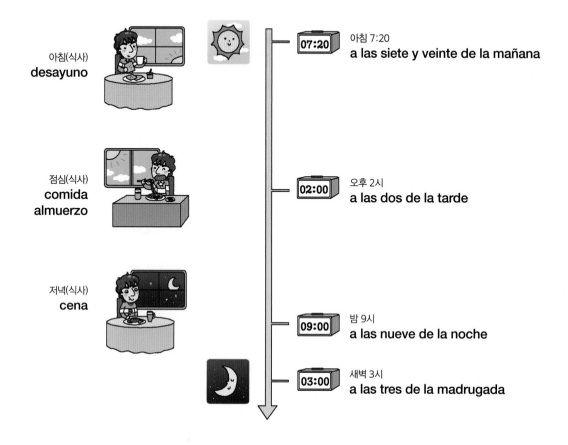

● 시간 표현

아침(식사)
desayuno

점심(식사)
comida
almuerzo

저녁(식사)
cena

아침 7:20
a las siete y veinte de la mañana

오후 2시
a las dos de la tarde

밤 9시
a las nueve de la noche

새벽 3시
a las tres de la madrugada

07:20
02:00
09:00
03:00

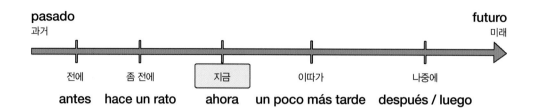

pasado
과거

futuro
미래

전에
antes

좀 전에
hace un rato

지금
ahora

이따가
un poco más tarde

나중에
después / luego

유용한 표현
Expresiones Útiles　060

감정 표현하기 I

즐거움

Voy a trabajar en una empresa.

¡Qué bien!

A 취직했어요.
B 잘됐네요!

B의 기타 표현
¡Qué alegría! 너무 기뻐요!
¡Estupendo! 멋져요!, 훌륭해요!

슬픔, 안타까움, 연민

Mi madre está enferma.

¡Qué lástima!

A 엄마가 아프세요.
B 정말 안타까워요!

B의 기타 표현
¡Qué pena! 정말 안됐어요!
¡Lo siento! 유감이에요!
¡Dios mío! 세상에!

놀라움

¡Me ha tocado la lotería!

¿De verdad?

A 내가 복권에 당첨됐어!
B 정말이에요?

B의 기타 표현
¿En serio? 정말이에요?
¡No me digas! 그럴 수가!
¡Es increíble! 믿을 수 없어요!

문법

1 다음 덧셈과 뺄셈의 답을 스페인어로 써 보세요.

(1) nueve + trece = _____

(2) veinticuatro + catorce = _____

(3) cincuenta y nueve - treinta y dos = _____

(4) noventa y nueve - treinta y cuatro = _____

2 ¿Qué hora es?

(1) _____

(2) _____

(3) _____

(4) _____

3 바로 앞과 뒤에 오는 요일 이름을 써 보세요.

(1) _____ sábado _____

(2) _____ martes _____

4 바로 앞과 뒤에 오는 달을 써 보세요.

(1) _____ febrero _____

(2) _____ julio _____

5 다음 설명은 무슨 계절에 대한 것인지 써 보세요.

(1) Hace frío y nieva a veces. _____

(2) Llueve a menudo y hace viento.
    Hay muchas flores y plantas nuevas. _____

(3) Hace mucho calor y la gente va a nadar
    al mar o a la piscina. _____

★ a veces 가끔 | a menudo 자주 | planta *f.* 식물, 층 | gente *f.* 사람들 | nadar 수영하다, 헤엄치다 |
mar *m.* 바다 | piscina *f.* 수영장

듣기 ● 녹음을 듣고 질문에 답하세요.

061

(1) ¿A cuántos estamos hoy?

① a 5 de julio   ② a 5 de junio   ③ a 15 de junio

(2) ¿Cuándo es el cumpleaños de Lara?

① el 5 de junio   ② el 6 de junio   ③ el 7 de junio

(3) ¿A qué hora es la fiesta?

① a las 5 de la tarde   ② a las 6 de la tarde   ③ a las 7 de la tarde

★ preparar 준비하다 | cosa *f.* 물건, 일

읽기 ● 다음 Lara의 일과에 대한 설명을 보고 알맞지 <u>않은</u> 것을 고르세요.

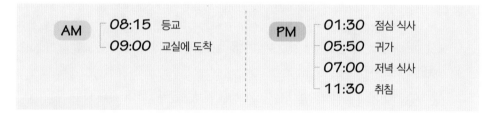

AM	08:15 등교	PM	01:30 점심 식사
	09:00 교실에 도착		05:50 귀가
			07:00 저녁 식사
			11:30 취침

① Lara coge el autobús a las nueve.

② Lara llega a clase a las nueve.

③ Lara come a la una y media.

④ Lara vuelve a casa a las siete menos diez.

⑤ Lara cena a las seis.

⑥ Lara duerme a las doce y cuarto.

★ coger 타다, 잡다 (cojo, coges, coge, cogemos, cogéis, cogen) | autobús *m.* 버스 | llegar 도착하다 | dormir 잠자다 (duermo, duermes, duerme, dormimos, dormís, duermen)

라틴 아메리카의 자연적 특징

띠띠까까 호수

라틴 아메리카(América Latina)란 아메리카 대륙에서 라틴 민족 국가인 스페인과 포르투갈 또는 프랑스의 지배를 받았던 지역을 일컫는 말이며, 흔히 중남미(中南美)라고도 합니다. 총면적이 약 2천만㎢로 북아메리카의 멕시코에서 남아메리카의 칠레에 이르는 지역과 카리브해의 서인도 제도를 포함하고 있습니다.

사막과 초원, 사바나, 화산 지대, 적도 밀림, 고생 식물 지대, 스텝 지역 등 다양한 지형적 특성을 보이는 라틴 아메리카는 대서양과 태평양 두 개의 대양에 접하고 있으며, 서쪽 태평양 연안을 따라 길이 약 7000km, 평균 해발고도 약 4000m인 안데스(Andes) 산맥이 7개국에 걸쳐 뻗어 있습니다. 이 안데스 산맥의 한 자락인 볼리비아에 항해가 가능한 호수들 중 세계에서 가장 높은 곳에 위치한 띠띠까까(Titicaca) 호수가 있습니다. 또한 안데스 산맥의 줄기를 따라 세계에서 가장 많은 수의 화산이 지금도 왕성하게 활동하고 있으며, 또한 다양한 기후가 독특한 지역적 풍광을 만들어 냅니다. 아울러 구리나 초석, 아연, 납 등 천연 자원도 풍부해 희토류 관련 뉴스에 칠레, 페루, 볼리비아의 사막이 자주 거론되고 있습니다.

한편, 길이가 짧고 수량이 적은 강들은 태평양을 향해 흐르고 길고 수량이 풍부한 강들은 대서양 쪽으로 흐릅니다. 세계에서 가장 긴 아마존강(Amazonas)이 남미 대륙을 가로지르며, 세계에서 하구가 가장 넓은 강인 라 플라타(La Plata)강 유역에는 아르헨티나와 우루과이의 수도가 자리하고 있습니다. 세계 최대 폭포인 이과수(Iguazú)는 브라질, 아르헨티나, 파라과이의 자연적인 국경이 되고, 베네수엘라에는 세계에서 가장 긴 앙헬(Ángel) 폭포(높이 979m)가 수증기가 되어 떨어져 내립니다.

소금 사막

규모와 다양성 면에서 비교 대상을 찾을 수 없는 라틴 아메리카는 풍요로운 자연을 바탕으로 여러 경제 협정을 통해 협력하며 세계 무대로 점차 활동 영역을 넓히고 있습니다.

앙헬 폭포

¿Cuál te gusta más?

동영상 강의

- Gustar 동사
- Preferir 동사
- 의문사 Cuál
- 부정어 I: Alguien, Algo, Nadie, Nada

¿Qué fruta te gusta?
무슨 과일 좋아해?

Me encanta la naranja.
오렌지가 너무 좋아.

● Gustar 동사

'～이/가 ～에게 마음에 들다(좋아하다)'의 의미로 호불호를 나타낼 때 사용합니다.

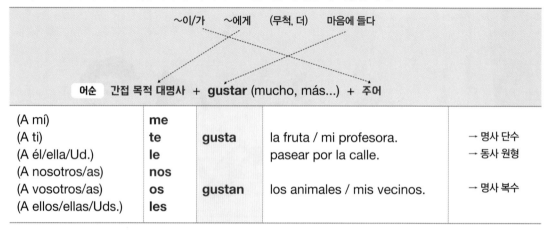

～이/가   ～에게   (무척, 더)   마음에 들다

어순 간접 목적 대명사 + **gustar** (mucho, más...) + 주어

(A mí)	**me**			
(A ti)	**te**	**gusta**	la fruta / mi profesora.	→ 명사 단수
(A él/ella/Ud.)	**le**		pasear por la calle.	→ 동사 원형
(A nosotros/as)	**nos**			
(A vosotros/as)	**os**	**gustan**	los animales / mis vecinos.	→ 명사 복수
(A ellos/ellas/Uds.)	**les**			

질문법 ¿Qué comida **os gusta**? 너희들은 무슨 음식 좋아하니?

¿Qué **te gusta** hacer? 너는 뭐 하는 것을 좋아하니?

> **주의**
> 간접 목적 대명사의 중복형(a mí, a ella...)은 강조 또는 3인칭 주어의 경우 혼동을 피하기 위해 사용할 수 있습니다.

Gustar류 동사들은 간접 목적 대명사와 <u>3인칭 단수(복수) 동사</u>로 구성됩니다.

A Luis <u>le gustan</u> los animales. 루이스는 동물을 좋아해.

¿No <u>te gusta</u> bailar? 너는 춤추는 것 안 좋아하니?

> **참고**
> **주요 Gustar류 동사**
> interesar 관심 있다, quedar 어울리다, 남다, importar 중요하다, parecer 생각하다, molestar 방해하다, doler 아프다, pasar 발생하다, etc.

동의		반의	
A Me gustan los perros. 나는 개가 좋다.	☺	A Me gustan los deportes. 나는 스포츠가 좋다.	☺
B **A mí también**. 나도 좋다.	☺	B **A mí no**. 나는 싫다.	☹
A No me gusta la verdura. 나는 채소가 싫다.	☹	A No me gustan los niños. 나는 아이들이 싫다.	☹
B **A mí tampoco**. 나도 싫다.	☹	B **A mí sí**. 나는 좋다.	☺

¿Cuál prefieres?
어떤 것이 더 좋아?

Prefiero las manzanas a las naranjas.
오렌지보다 사과가 더 좋아.

● Preferir 동사

'선호하다', '～을/를 더 좋아하다'의 의미로 사용합니다.

yo	prefiero	nosotros/as	preferimos
tú	prefieres	vosotros/as	preferís
él, ella, ud.	prefiere	ellos, ellas, uds.	prefieren

Preferir A a B: B보다 A를 더 좋아하다

A ¿Qué prefieres? (¿Cuál prefieres?) ¿El té o el café? 뭐가 더 좋니? 차 아니면 커피?

B Prefiero el café al té. 난 차보다 커피가 더 좋아.

● 의문사 Cuál

Cuál(Cuáles)은 단수형과 복수형이 있으며, 특정한 사물, 사람 등의 선택에 사용되어 '어떤 것 (사람)'의 의미로 해석될 수 있습니다. Qué와 달리 한정된 범위의 정보를 구하므로 'qué + 명사'로 대체 가능합니다.

¿Cuál es tu color favorito? (= ¿Qué color es tu favorito?) 네가 좋아하는 색은 어떤 거니?

¿Cuáles son tus libros? (= ¿Qué libros son tuyos?) 네 책은 어떤 것들이니?

● 부정어 Ⅰ: Alguien, Algo, Nadie, Nada

	사람	사물
긍정	**alguien** 누군가 **Alguien** canta en la habitación. 누군가 방에서 노래한다.	**algo** 무언가 Tengo **algo** en el ojo. 눈에 무언가 있다.
부정	**nadie** 아무도 ～않다 (아니다) **Nadie** come pizza. 아무도 피자를 먹지 않는다.	**nada** 아무것도 ～않다 (아니다) No tengo **nada** en las manos. 난 손에 아무것도 가지고 있지 않다.

부정문에서 nadie, nada가 동사 앞에 올 때는 no를 생략합니다.

Nadie me ve (= No me ve nadie). 아무도 나를 안 본다.

Nada me gusta (= No me gusta nada). 아무것도 내 마음에 들지 않는다.

¿Qué deportes te gustan?

Me gustan el fútbol y el baloncesto.

Miguel	¿Qué te gusta hacer los fines de semana?
Bora	A mí me gusta ir al cine. ¿Y a ti?
Miguel	A mí me gusta hacer deportes.
Bora	¿Qué deportes te gustan?
Miguel	Me encantan el fútbol y el baloncesto.
Bora	A mí también. Prefiero el baloncesto al fútbol. ¿Cuál te gusta más a ti?
Miguel	Me gusta más el fútbol.

미겔 주말에 무엇하는 것을 좋아하니?
보라 영화관 가는 것을 좋아해. 너는?
미겔 나는 운동하는 것을 좋아해.
보라 무슨 운동을 좋아해?
미겔 축구와 농구를 무척 좋아해.
보라 나도 그래. 농구가 축구보다 좋아.
    넌 어떤 것을 더 좋아하니?
미겔 난 축구가 더 좋아.

대화 TIP

- **Los fines de semana**: 정관사 el-los로 '단 한 번의 주말'인지, '주말마다' 인지 구분합니다.

- **¿Y a ti?**: ¿Y (qué te gusta) a ti?

- **Encantar**: gustar류의 동사이며, '무척 좋아하다'를 뜻하므로 mucho나 más를 쓰지 않습니다.

  Me encantan los animales. 난 동물들을 무척 좋아한다.

새 단어 및 표현

deporte *m.* 운동, 스포츠
encantar 무척 좋아하다
fútbol *m.* 축구
baloncesto *m.* 농구
cuál 어떤 것/사람

¿A cuál vamos?

Prefiero ir al Merca.

Antonio	¿Hay leche en la nevera?
María	No, no hay. Tampoco hay zumo.
Antonio	Vamos a comprar al 'Merca'.
María	Prefiero ir al 'Súper'. Es más grande.
Antonio	¡Mira, alguien puede ganar un coche en este sorteo!
María	¡Antonio! ¿A cuál vamos? ¿Al 'Merca' o al 'Súper'?
Antonio	Al 'Merca'. Prefiero ir al 'Merca'.

안또니오	냉장고에 우유 있어?
마리아	아니, 없어. 주스도 없어.
안또니오	우리 '메르까'로 장 보러 가자.
마리아	난 '수뻬르'에 가는 것이 더 좋아. 더 크잖아.
안또니오	이것 봐. 이 경품 행사에서 누군가 자동차를 탈 수도 있어!
마리아	안또니오! 우리 어느 곳으로 가는 거야? '메르까'야, 아니면 '수뻬르'야?
안또니오	'메르까'. 나는 '메르까'에 가는 것이 더 좋아.

대화 TIP

- **Tampoco** (~도 ~않다/이다): 부정의 의미이므로 동사 앞에 위치할 때는 no를 중복하여 쓰지 않습니다.

  <u>Tampoco</u> hay zumo. = <u>No</u> hay zumo <u>tampoco</u>.
  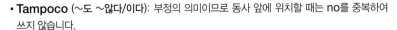

- **¿A cuál vamos?** (= ¿A qué supermercado vamos? / ¿A cuál de estos supermercados vamos?): cuál을 사용하여 미리 언급한 두 슈퍼마켓 중 어느 곳에 갈 거냐고 묻고 있습니다.

- **Prefiero ir al 'Merca'**: Preferir는 명사와 함께 동사 원형도 목적어로 쓸 수 있습니다.

새 단어 및 표현

nevera *f.* 냉장고
tampoco ~도 않다/이다
zumo *m.* 주스
grande 큰
alguien 누군가
ganar 이기다, 얻다
coche *m.* 자동차
sorteo *m.* 추첨, 경품 행사
o 또는

● Jugar al + 스포츠명

jugar al fútbol
축구를 하다

jugar al béisbol
야구를 하다

jugar al baloncesto
농구를 하다

jugar al voleibol
배구를 하다

jugar al golf
골프를 치다

jugar al pimpón
탁구를 하다

jugar al ajedrez
체스를 두다

● 독립적으로 쓰는 동사들

patinar
스케이트 타다

esquiar
스키 타다

nadar
수영하다

correr
달리다

pescar
낚시하다

boxear
권투를 하다

montar en bicicleta
자전거 타다

montar a caballo
말 타다

감정 표현하기 Ⅱ

불쾌감

Estoy harto.

A 이제 질렸어요., 지긋지긋해요.

A의 기타 표현
¡Qué barbaridad! 정말 말도 안 돼!

관심

¿Ah, sí?

A 그래요?

A의 기타 표현
¿Cómo, cómo? 뭐라고요?
¿De verdad? 진짜예요?

아무래도 상관없어요

No me importa.

A 아무래도 상관없어요.

A의 기타 표현
Me da igual. 상관없어요.
¡Qué más da! 어쩌겠어요.

의심

Lo dudo.

A 믿지 못하겠어요.

A의 기타 표현
¿Seguro? 정말?, 확실해요?
Ya veremos. 두고 봅시다.

문법 1 주어진 의문사와 질문을 알맞게 연결하세요.

(1) ¿Cuál... •

(2) ¿Cuáles... •

• ① _____ es su habitación?

• ② _____ es tu actor favorito?

• ③ _____ son mis regalos?

★ regalo *m.* 선물

2 그림을 보고 보기 처럼 빈칸에 들어갈 알맞은 단어를 골라 문장을 완성하세요.

| no | hay | alguien | algo | nadie | nada |

Modelo

No hay nada en la mesa.

(1) _____ en mi habitación.

(2) _____ en el salón.

(3) _____ en el libro.

3 다음 표를 보고 보기 처럼 필요한 단어를 넣어 대화를 완성하세요.

	los lunes	el fútbol	los perros	
Bora	☺	☺☺	✗	☺☺ = encantar
Miguel	✗	☺	☺☺	☺ = gustar
				✗ = no gustar

> **Modelo**   A Bora <u>no le gustan</u> los perros.

(1) A Miguel _____ los perros.

(2) A Miguel _____ el fútbol.

(3) A Bora _____ los lunes.

듣기 ● 녹음을 듣고 질문에 답하세요.

066

(1) ¿Qué deporte le gusta a la chica?

①   ②    ③

(2) ¿Qué deporte prefiere el chico?

①   ②    ③

★ sobre todo 특히 | divertido/a 재미있는

읽기 ● 다음 글을 읽고 질문에 답하세요.

> Hola, me llamo Julio. A mí me gusta mucho la primavera porque hace muy buen tiempo para practicar deportes. Me gusta el béisbol. Mis amigos y yo estamos en un equipo y lo practicamos cada tarde. Además, lo veo en la televisión todos los fines de semana. También me gusta el fútbol, pero me gusta más el primero.

(1) ¿Qué estación le gusta a Julio? _____

(2) ¿Qué hace Julio los fines de semana? _____

(3) ¿Cuál prefiere Julio? ¿El béisbol o el fútbol? _____

★ estación f. 계절, 역 | practicar 실행하다 | cada 매, 각 | equipo m. 팀 | tiempo m. 날씨 | partido m. 게임, 경기

라틴 아메리카의 대표적인 춤, 탱고와 살사

라틴 아메리카에서 춤은 단순한 오락거리가 아닌 삶의 일부입니다. 이미 오래전부터 지역적 경계를 넘어 세계 곳곳으로 전파된 라틴 아메리카의 춤은 현재 우리 모두가 함께 즐기는 문화유산이라 할 수 있을 정도입니다. 라틴 아메리카에 뿌리를 둔 여러 춤 중에 2009년 유네스코 세계 문화유산으로 등재된 tango 탱고는 아르헨티나와 우루과이 그 자체라고 해도 과언이 아닐 정도로 국민의 긍지이자 대표 상품이며 국가 이미지로 자리를 굳힌 지 오래되었습니다. 탱고 음악은 19세기 말, 쿠바의 habanera 아바네라와 라 플라타강(Río de la Plata) 유역의 milonga 밀롱가가 혼합되어 탄생하였고, 독일 이민자들이 들여온 아코디언의 일종인 bandoneón 반도네온의 슬픈 가락을 기조로 탱고 음악이 완성되었습니다. 한편, 춤은 라 플라타 강 주변 빈민촌인 Boca 보까 지구에서 발생하였습니다. 초기에는 저속하다는 비판을 받았으나 1920~30년대 파리로 전수되었다 재수입된 이후 급속도로 전파되어 현재에 이르고 있습니다.

라틴 아메리카를 대표하는 또 다른 춤이 바로 카리브의 정열적인 salsa 살사입니다. 스페인어로 '소스'를 뜻하는 살사는 일반적으로 쿠바의 여러 리듬의 혼합을 지칭하는데, 일반인이 구분하기 어렵던 일련의 쿠바 리듬(과라차, 맘보, 차차차, 송쿠바노 등)을 아우르기 위해 1960년대 말 등장한 상업적 명칭입니다. 당시 뉴욕에서 밴드 음악의 팝, 재즈, 락, R&B 등 여러 요소와 이 리듬들이 혼합되어 탄생하였던 것입니다. '살사'라는 명칭은 1957년 베네수엘라의 한 라디오에서 "자, 음악에 소스(살사)를 칩시다"라고 말한 데서 유래하였다고 합니다.

기본적으로 타악기 리듬이 바탕이 되는 살사는 전 세계에서 널리 추는 춤이지만 특히 카리브해 일대의 모든 나라에서 지금도 변함없이 큰 인기를 누리고 있습니다. 그중에서도 푸에르토리코, 베네수엘라, 에콰도르, 쿠바, 콜롬비아는 전 세계의 각종 경연 대회를 싹쓸이할 정도로 살사를 사랑하는 나라들입니다.

Capítulo

13

Me duele la cabeza.

동영상 강의

- Gustar류 동사들: Quedar, Doler
- 색깔 표현
- ¿Cuánto es?
- 부정어 II: Alguno/a, Ninguno/a

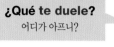

주요 구문 & 문법  Frases Clave & Gramática

¿Qué te duele?
어디가 아프니?

Me duele el estómago.
배가 아파.

● Gustar류 동사들: Quedar, Doler

Quedar: 어울리다 (~이/가 ~에게 ~하게 어울리다) / 남다 (~이/가 ~에게 남다)

어울리다	간접 목적 대명사 + queda / quedan + 부사(bien, mal) / 형용사(estrecho/a...) + 주어
남다	간접 목적 대명사 + queda / quedan + 주어

질문법	¿**Cómo me (te / le...) queda** esta chaqueta? 이 재킷 나(너/그/그녀/당신…)에게 어때요?
	¿**Cuánto (dinero) te (le / os...) queda?** (돈이) 너(그/그녀/당신/너희들…)에게 얼마나 남니?

A mí <u>me queda mal</u> el color verde = El verde no <u>me queda bien</u>. 녹색은 내게 안 어울려.

A él <u>le queda</u> poco dinero. 그에게 돈이 거의 남지 않았다.

> **주의**
> A mí, a ti... 등이 생략될 경우, 주어가 동사 앞으로 오기도 합니다.

Doler: 아프다 (~이/가 ~에게 고통을 주다)

어순	간접 목적 대명사 + duele / duelen (+ mucho, un poco...) + 주어

질문법	¿**Qué te / le duele?** 아픈 데가 어디예요? / ¿**Te / Le duele algo?** 어디 아파요?

<u>Me duele</u> la cabeza. 나는 머리가 아프다.

A Bora <u>le duelen</u> los ojos. 보라는 눈이 아프다.

● 색깔 표현

질문법	¿**De qué color es (son)** + (단수나 복수 주어)?: ~은/는 무슨 색깔입니까?

● 빨강 rojo/a	● 주황 anaranjado/a	◍ 노랑 amarillo/a	● 초록 verde	● 파랑 azul	○ 흰색 blanco/a
● 보라 morado/a	● 검정 negro/a	● 밤색 marrón	◍ 분홍 rosado/a	◍ 베이지 beige	◍ 회색 gris

A ¿De qué color son tus camisas? 네 셔츠들은 무슨 색이니?

B Mis camisas son azules. 내 셔츠들은 파란색이야.

¿Cuánto es? 얼마예요?

Son diez euros. 10유로예요.

• ¿Cuánto es?

| ¿Cuánto + | vale / valen (+ 주어)?
cuesta / cuestan (+ 주어)?
es? | → | (주어) Vale / Valen
(주어) Cuesta / Cuestan 20 euros
Son |

¿Cuánto es?는 가격을 묻는 표현으로, Valer나 Costar 동사의 3인칭 단·복수형을 사용하여 가격을 묻고 답합니다.

A ¿Cuánto valen 10 rosas? 장미 열 송이는 얼마예요?

B Valen 20 euros. 20유로예요.

A ¿Cuánto es (todo)? (모두) 얼마예요?

B Son 7 euros. 7유로예요.

> **주의**
> Es un euro/un dólar.
> 가격이 단수인 경우 동사도
> 단수형으로 바뀝니다.

• 부정어 II: Alguno/a, Ninguno/a

대명사			형용사		
어떤 사람 어떤 것	**alguno** **algunos**	**alguna** **algunas**	어떤	**algún** niño **algunos** niños	**alguna** niña **algunas** niñas
어떤 것도(누구도) ~ 않다(아니다)	**ninguno**	**ninguna**	어떤 것도 아닌(않은)	**ningún** niño	**ninguna** niña

· **alguno/a, ninguno/a**: 대명사로서 독립적으로 쓰이거나, 형용사로서 명사를 수식합니다.

Tengo <u>algunos</u> amigos chinos. 나는 몇 명의 중국인 친구들을 가지고 있다. **형용사**

<u>Algunos</u> estudian español. 몇 명은 스페인어를 공부한다. **대명사**

<u>Ninguno</u> es caro. 어떤 것도 비싸지 않다. **대명사**

· <u>남성 명사 단수형</u> 앞에서 alguno는 algún, ninguno는 ningún으로 -o가 탈락합니다.

algún estudiante / algunos estudiantes / ningún estudiante

¿Cómo me queda esta camisa?

Te queda un poco estrecha.

Bora	¿Cómo me queda esta camisa?
María	Te queda un poco estrecha.
Bora	Entonces, voy a probarme aquella.
María	¿De qué color es? Hay camisas de varios colores.
Bora	La blanca. ¿Cuánto vale?
María	Vale 96 euros. Es un poco cara, ¿no?
Bora	No me importa el precio. ¡Me encanta!

보라	이 셔츠가 내게 어때 보여?
마리아	네게 조금 낀다.
보라	그러면, 저것을 입어 볼래.
마리아	무슨 색이야? 여러 색깔의 셔츠들이 있어.
보라	흰색이야. 얼마야?
마리아	96유로야. 조금 비싸다, 안 그래?
보라	가격은 중요하지 않아. 너무 맘에 들어!

새 단어 및 표현

camisa *f.* 셔츠
estrecho/a 좁은, 끼는
entonces 그러면, 그때
probar(se) 시험해 보다, 입어 보다
color *m.* 색깔
vario/a 여러 개(사람), 여러
blanco/a 흰색, 흰색의
valer 가치가 있다
caro/a 값비싼
importar 중요하다
precio *m.* 가격
¿De qué color es? 무슨 색이야?
¿Cuánto vale? 얼마니?
No me importa el precio.
가격은 중요하지 않아.

대화 **TIP**

• **Probar(se)**: '시험해 보다'는 뜻으로 목적어는 상황에 따라 옷, 음식, 가전제품, 자동차 등이 될 수 있습니다.

• 우리말 '어울리다'는 '잘 어울리다'라는 의미지만 quedar 동사는 반드시 '어떻게' 어울리는 지를 나타내는 부사나 형용사의 평가가 첨가되어야 합니다.

El verde te queda. (×)

• **Importar**: '∼이/가 ∼에게 중요하다'를 뜻하며, gustar 동사와 같은 어순으로 쓰입니다.

¿Qué te pasa?

Me duele la cabeza.

Profesora	¿Qué te pasa? Tienes mala cara.
Minsu	No me pasa nada. Solo que me duele un poco la cabeza.
Profesora	¿Tienes alguna medicina?
Minsu	No, no tengo ninguna.
Profesora	¿Por qué no vas a la farmacia?
Minsu	No me gusta tomar medicinas. Quiero ir a casa a descansar.

선생님	네게 무슨 일 있니? 안색이 좋지 않아.
민수	아무 일도 없어요. 단지 머리가 조금 아플 뿐이에요.
선생님	약은 있니?
민수	아니요, 하나도 없어요.
선생님	왜 약국에 가지 않니?
민수	저는 약 먹는 거 좋아하지 않아요. 쉬러 집에 가고 싶어요.

대화 TIP

- **Solo que ~** (단지 ~할 뿐이다): que 이후에 문장을 연결합니다.
- **¿Qué te (le) pasa?**: 안부를 묻는 질문이며, 이 경우 pasar동사는 '간접 목적 대명사 + pasa'의 어순을 지킵니다.
- **No me pasa nada**: '아무것도 내게 일어나지 않았다'는 뜻으로 안부를 묻는 질문인 ¿Qué te pasa?에 대한 대답입니다.
- **Alguno/a**: alguien(누군가), algo(어떤 것)는 가리키는 영역 제한 없이 쓰이지만 alguno/a는 제한된 그룹 내의 '어떤 것'이나 '어떤 사람'이라는 선택적 의미를 갖습니다.

새 단어 및 표현

pasar 발생하다, 일어나다
malo/a 나쁜
cara *f.* 얼굴
solo que ~ 단지 ~할 뿐이다
alguno/a 어떤 사람(것), 어떤
medicina *f.* 약
ninguno/a
어떤 것도(누구도) (~않다/아니다)
farmacia *f.* 약국
tomar 먹다, 마시다
¿Qué te pasa? 네게 무슨 일 있니?
No me pasa nada.
아무 일도 없어요.

● **옷과 소지품**

traje

m. 정장

vestido

m. 원피스, 드레스

falda

f. 치마

pantalones

m. 바지

vaqueros, jeans

m. 청바지

abrigo

m. 코트

camisa

f. 셔츠

chaqueta

f. 재킷

blusa

f. 블라우스

jersey, suéter

m. 스웨터

camiseta

f. 티셔츠

bañador, traje de baño

m. 수영복

corbata

f. 넥타이

calcetines

m. 양말

zapatos

m. 구두

bufanda

f. 목도리

guantes

m. 장갑

sombrero

m. 모자

bolso

m. 핸드백

쇼핑하기

물건 찾기

¿Qué desea?

¿Tiene usted faldas?

A 뭐 찾으세요?

B 치마 좀 보여 주시겠어요?

A의 기타 표현

¿Desea algo? 뭐 찾으세요?

B의 기타 표현

Necesito una falda.
치마 좀 보여 주세요., 치마가 필요해요.

Solo estoy mirando.
그냥 구경하는 거예요.

▶ desear 원하다

물건 고르기

¿Qué le parece este/a?

¿No tiene otro/a?

A 이거 어떠세요?

B 다른 건 없어요?

B의 기타 표현

¿Tiene otra talla más grande/pequeña? 더 큰/작은 사이즈 있어요?

¿Lo/La tiene de otro color?
다른 색 있어요?

▶ talla *f.* 사이즈

입어 보기

¿Puedo probármelo (la/los/las)?

A (이것을) 입어 봐도 될까요?

계산하기

¿En efectivo o con tarjeta?

A 현금으로 계산하세요? 아니면 카드로 계산하세요?

연습 문제
¡A practicar!

문법 **1** Doler, quedar 중 하나의 동사를 선택하여 다음 문장을 완성하세요.

(1) A ¿A vosotros _____ mucho dinero?

B No, no _____ nada.

(2) A ti _____ muy bien todas estas chaquetas.

(3) Tengo que ir al médico. _____ el estómago.

2 다음 중 알맞은 단어를 선택하여 보기 처럼 그림을 설명해 보세요.

Todo/a/os/as	algún(o)/a/os/as	ningún(o)/a/os/as

Modelo

Todas (Todas las ventanas) están abiertas.

(1) _____ son blancas.

(2) _____ está sucio.

(3) _____ es azul.

★ ventana *f.* 창문 | abierto/a 열린 | vaso *m.* 컵 | sucio/a 더러운 | azul 파랑, 파란색의

3 보기 처럼 그림에 맞게 가격을 묻고 대답해 보세요.

Modelo

jersey

42 euros

A ¿Cuánto vale el jersey?

B Vale cuarenta y dos euros.

(1) vestido

90 euros

A ¿_____?

B _____.

(2) calcetines

3 euros

A ¿_____?

B _____.

● 녹음을 듣고 문제에서 요구하는 답을 고르세요.

(1) A Pedro le interesa _____.

① 　　② 　　③

(2) A Mónica le importa _____.

① cenar con la familia　　② hacer deporte　　③ estudiar economía

(3) ¿Por qué estudia Mónica?

① porque le gusta

② porque quiere ganar dinero

③ porque es divertido

★ interesar ~이/가 ~에게 관심 있다 ｜ especialmente 특히 ｜ economía *f.* 경제 ｜ ganar 돈을 벌다, 이기다

● 그림에 대한 설명이 참(Verdadero)인지 거짓(Falso)인지 표시해 보세요.

(1) No hay ningún animal.　　Ⓥ Ⓕ

(2) Ninguno de los chicos lleva teléfono.　　Ⓥ Ⓕ

(3) Hay algunos vasos en el suelo.　　Ⓥ Ⓕ

(4) No hay nada de basura en el suelo.　　Ⓥ Ⓕ

(5) Hay algunas chicas rubias.　　Ⓥ Ⓕ

★ suelo *m.* 바닥 ｜ basura *f.* 쓰레기 ｜ rubio/a 금발 머리의

스페인의 상징, 투우와 플라멩꼬

스페인의 국가 이미지로 언제나 거론되는 것이 바로 투우 (corrida de toros)와 플라멩꼬 (flamenco)입니다. 작렬하는 태양 아래 거대한 검은 수소와 마주한 투우사가 내뿜는 카리스마는 스페인이라는 나라에 대한 묘한 동경심을 불러일으킬 정도지요. 또한 화려한 의상을 갖춰 입은 플라멩꼬 댄서가 장엄한 표정과 깊이 있는 시선으로 먼 곳을 응시하며 빠르게 발을 움직이며 춤추는 모습은 생과 사를 넘나드는 투우와는 또 다른 비장함을 느끼게 합니다.

투우는 보통 3월 말에서 10월 초까지 개최됩니다. 계절에 따라 오후 3시나 오후 5시에 시작되는데, 18세기 이후 현재와 같은 규정이 마련되면서 정해진 순서와 의식에 따라 3부에 걸쳐 진행됩니다. 매 경기에 투우사 3명, 작살 꽂이 3명, 창잡이 2명, 조수, 직원 등이 참가하며, 3명의 투우사가 각각 2마리의 수소를 상대합니다. 마드리드와 세비야의 투우장에서 인상적인 경기를 펼친 훌륭한 투우사는 유명 연예인에 버금가는 인기와 대우를 누리게 됩니다. 동물 학대 여론으로 바르셀로나와 칠레에서는 투우가 금지되었으나 스페인의 타 지역과 멕시코, 페루, 콜롬비아, 에콰도르, 베네수엘라 등지에서는 여전히 대표적인 볼거리이며 천문학적 단위의 경제를 움직이는 전통적인 산업입니다. 그러나 오늘날 투우를 법적으로 금지하자는 여론이 전 세계적으로 힘을 얻고 있습니다.

플라멩꼬는 15세기 스페인에 등장한 집시들에게서 유래한 춤이자 노래입니다. '플라멩꼬'의 어원에 대해선 여러 학설이 분분합니다. 집시들의 문화가 이슬람, 가톨릭과 혼합되어 탄생했으며, 현재는 플라멩꼬가 Andalucía 안달루시아 지역을 대표하는 전통으로 알려져 있습니다. 손뼉, 기타, 추임새와 노래, 발 구르기로 구성되는 음악은 단음 반복, 꺾기 창법과 같은 동양적 색채가 특징이며, 노래만으로도 전문성을 인정받지만 역시 춤이 수반되어야 전형적인 플라멩꼬로 인식됩니다. 플라멩꼬는 정해진 양식이 없는 몸통 중심의 춤이며 빠른 발 구르기를 기본으로 합니다. 19세기 중반에 대중적인 요소가 가미되면서 널리 유행하기 시작했는데, 전용 극장인 tablao 따블라오가 문을 열면서 조직적인 극단이 만들어졌고 점차 전문 댄서가 예술가로 인정받게 되었습니다.

Capítulo 14

¿A qué hora te levantas?

동영상 강의

- 재귀 동사

- 소유사Ⅱ Mío, Tuyo, Suyo

- 호칭어 Señor, Señora, Señorita

Acuesto a mis hijos y luego me acuesto yo.
아이들을 재우고 나도 잠을 자요.

● 재귀 동사

		Lavarse (씻다, 닦다)	**Despertarse** (깨다)	**Acostarse** (눕다)	**Ponerse** (입다)
yo	**me**	lavo	despierto	acuesto	pongo
tú	**te**	lavas	despiertas	acuestas	pones
él, ella, Ud.	**se**	lava	despierta	acuesta	pone
nosotros/as	**nos**	lavamos	despertamos	acostamos	ponemos
vosotros/as	**os**	laváis	despertáis	acostáis	ponéis
ellos, ellas, Uds.	**se**	lavan	despiertan	acuestan	ponen

재귀 동사는 주어의 행위가 주어에게 돌아오는 경우로, 주어에 해당하는 me, te, se, nos, os가 늘 동사 앞에 함께 쓰입니다.

Le lavo las manos a mi hija. 나는 딸에게 손을 닦아 준다.
Me lavo las manos. 나는 손을 닦는다.

> **주의**
> 재귀 동사가 신체 부위와 함께 쓰일 경우, 신체 부위에는 소유사를 쓰지 않습니다.
> Me lavo mis manos. (×)
> Me lavo las manos. (○)

재귀 대명사 me, te, se 등의 위치는 동사 앞이나 동사 원형 뒤, 직접 목적 대명사의 앞에 놓입니다.

<u>Se</u> lava las manos. (그녀는) 손을 닦는다. → <u>Se</u> las lava. (그녀는) 그것을 닦는다.
¿Puedes levantar<u>te</u> pronto? 너 일찍 일어날 수 있니?

재귀 동사의 상호적 용법: 주어가 복수면 '서로에게'라는 상호적 의미로 쓰이기도 합니다.

> **주의**
> 재귀 동사는 다른 동사와 이름(원형)에서부터 구분됩니다. 원형이 항상 '동사 원형 + se'의 형태이기 때문입니다. (lavar-lavarse)

Mis padres se quieren. 나의 부모님은 서로 사랑하신다.
Él y yo no nos hablamos. 그와 나는 서로 말하지 않는다.

기타 재귀 동사: bañarse 목욕하다, ducharse 샤워하다, afeitarse 면도하다, peinarse 머리 빗다
maquillarse 화장하다, llamarse 이름이 ~이다, vestirse 옷 입다, quitarse 벗다, casarse 결혼하다,
sentirse bien/mal (몸 상태가) 좋다/나쁘다, divertirse 즐기다

¿De quién es este libro?
이 책은 누구 거니?

Es mío.
내거야.

● 소유사 II Mío, Tuyo, Suyo p.57 참조

	단수		복수	
	남성	여성	남성	여성
나의 (것들)	mío	mía	míos	mías
너의 (것들)	tuyo	tuya	tuyos	tuyas
그/그녀/당신의 (것들)	suyo	suya	suyos	suyas
우리의 (것들)	nuestro	nuestra	nuestros	nuestras
너희의 (것들)	vuestro	vuestra	vuestros	vuestras
그/그녀/당신의 (것들)	suyo	suya	suyos	suyas

명사 뒤에 오거나 독립적으로 쓰이며, 가리키는 명사에 성·수를 일치합니다.

¿Este libro es mío? 이 책은 내 것이니? / ¡Te quiero, hija mía! 사랑한다, 내 딸아!

주어 역할이나 비슷한 여러 개 중에서 선택을 할 때는 정관사를 동반합니다.

La mía es esta casa. ¿Y la tuy a? 내 것이 이 집이다. 네 것은?

¿Cuál es tu libro? El rojo es el mío. 어떤 것이 네 책이니? 빨간 것이 내 것이다.

> **주의**
> 소유자의 혼동이 예상되는 경우, 'de + 소유자' 구문으로 표현할 수 있습니다.
> El coche suyo →
> el coche de él (ella / Ud. / ellos / ellas / Uds.)

> **참고**
> 부정관사 + 명사 + 소유사 II (~중 하나/몇몇): 명사가 집단의 일부임을 나타냅니다.
> Un amigo mío es vietnamita. 내 친구 중 한 명은 베트남인이다.

● 호칭어 Señor, Señora, Señorita

Sr.	남자	(el) señor		성	El señor Alfredo Fernández
Sra.	기혼녀	(la) señora	+	이름 + 성	La señora Gómez
Srta.	미혼녀	(la) señorita			La señorita Molina

El señor González está aquí. 곤쌀레쓰 씨는 여기 있다.

La señora Gómez vive en esta casa. 고메쓰 부인은 이 집에 산다.

> **주의**
> 호칭어는 반드시 정관사를 함께 쓰지만 상대를 직접 호명할 때는 정관사를 생략합니다.
> Buenos días, señorita López.
> 안녕하세요, 로뻬쓰 양.

¿Te acuestas temprano?

No, me acuesto a las doce.

Bora	¿A qué hora te levantas normalmente?
Miguel	A las nueve. No puedo levantarme temprano porque me acuesto tarde.
Bora	Y después, ¿qué haces?
Miguel	Me ducho antes de salir de casa.
Bora	Yo me ducho por la noche. Por la mañana me lavo la cara, me visto y salgo.
Miguel	¿Te acuestas temprano?
Bora	No tanto. Me acuesto a las doce.

보라   너는 보통 몇 시에 일어나니?

미겔   9시에. 늦게 자기 때문에 일찍 일어날 수가 없어.

보라   그 다음에는 무엇을 하니?

미겔   집에서 나가기 전에 샤워해.

보라   난 밤에 샤워해. 아침에는 세수하고 옷 입고 나가는 거지.

미겔   일찍 잠자리에 드니?

보라   그렇지는 않아. 열두 시에 잠자리에 들어.

대화 TIP

- **No tanto = No me acuesto tan temprano**: tanto는 형용사(부사) 앞에서 tan이 됩니다.

- **Antes de** ~ 전에 / **después de** ~ 다음에: de 이후에는 명사나 동사 원형을 씁니다.

  ¿Vas a ducharte después de cenar (또는 la cena)?
  너는 저녁 먹은 후에 샤워할 거니?

  Después tres horas. (✕) / Después de tres horas. (〇)

- **Vestirse**: me visto, te vistes, se viste, nos vestimos, os vestís, se visten

새 단어 및 표현

levantarse 일어나다

temprano 일찍

despúes (de) ~ 다음에, ~ 이후에

antes de ~ 전에

ducharse 샤워하다

por la noche 밤에

por la mañana 아침에

cara *f.* 얼굴

vestirse 옷 입다

tanto/a 그렇게 많은

> Yo también le quiero llevar el mío.

> ¿Dónde está el tuyo?

María	Tengo que llevar mi coche al taller.
Antonio	El mío tampoco funciona bien.
María	¿A qué taller vas a ir?
Antonio	Pienso llevarle el coche al señor Molina.
María	Es el padre de Nacho, ¿no?
Antonio	Sí, él me lo arregla siempre.
María	Yo también le quiero llevar el mío.
Antonio	Bueno. ¿Dónde está el tuyo? Vamos ahora mismo.

마리아	내 차를 정비소에 가져가야만 해.
안또니오	내 것 역시 잘 가지 않아.
마리아	어느 정비소에 갈 거니?
안또니오	몰리나 씨에게 차를 가져갈 생각이야.
마리아	나초의 아버지지, 그렇지?
안또니오	그래, 그분이 항상 내게 그것을 정비해 주셔.
마리아	나도 내 차를 그분에게 가지고 가고 싶어.
안또니오	좋아. 네 것은 어디 있니? 지금 당장 가자.

대화 TIP

- **Ahora mismo**: mismo가 ahora를 수식하여 '바로 지금'을 뜻하는 강조 효과가 있습니다.
- **Pensar + 동사 원형**: ~할 생각이다 (pienso, piensas, piensa, pensamos, pensáis, piensan)
- 나이 많은 남성에게 don (D.), 여성에게 doña (D.ª)를 이름 앞에 쓰기도 합니다.
  Don Alonso (Doña Elena) viene hoy. 알론소 씨는 (엘레나 씨는) 오늘 온다.

새 단어 및 표현

taller *m.* 정비소, 아뜰리에
mío/a 나의 (것)
funcionar 기능하다, 작동하다
pensar 생각하다
señor (= Sr.) *m.* ~씨
arreglar 정돈하다, 고치다
siempre 항상
tuyo/a 너의 (것)
mismo/a 동일한, 바로

● 기타 재귀 동사

❶ acostarse	잠자리에 들다, 눕다	irse	가 버리다, 떠나다
❷ afeitarse	면도하다	divertirse	즐기다
❸ bañarse	목욕하다	sentarse	앉다
❹ despertarse	깨다	sentirse	느끼다
❺ ducharse	샤워하다		
❻ arreglarse	치장하다, 정돈하다		
❼ peinarse	머리 빗다		
❽ vestirse	옷 입다		
❾ secarse	말리다		

칭찬에 응대하기

¡Qué bien hablas español!

No, no hablo muy bien.

A 스페인어 잘하시네요!
B 아니에요, 잘 못해요.

B의 기타 표현

Puedo hablar un poco.
조금밖에 못해요.

¡Qué guapo eres!

No soy guapo, pero gracias.

A 잘생기셨네요!
B 사실 그렇지는 않지만 감사합니다.

B의 기타 표현

También tú/Ud. estás/está muy bien. 당신도 정말 멋져요.

Tu vestido es muy bonito.

¿De veras?

A 옷이 정말 예뻐요.
B 정말이에요?

B의 기타 표현

Es muy barato/a. ¿Te/Le gusta? 싼 건데, 마음에 드세요?

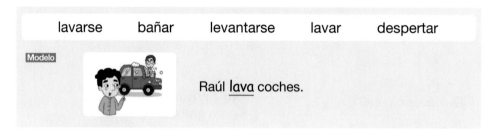

연습 문제

¡A practicar!

문법

1 다음 빈칸에 필요할 경우 me, te, se, nos, os 중에서 한 개를 선택하여 문장을 완성하세요.

(1) Celia y Leo _____ quieren mucho.

(2) ¿Usted y su esposa _____ escriben a menudo?

(3) ¿Por qué no _____ quieres a tu hermano?

(4) ¿Cuándo _____ ducháis a los niños?

★ esposo/a *m.f.* 남편, 부인 | a menudo 자주

2 다음에서 동사를 선택하여 **보기** 처럼 그림에 맞게 문장을 완성하세요.

| lavarse | bañar | levantarse | lavar | despertar |

Modelo

Raúl *lava* coches.

(1)

Mi esposa _____ a los niños.

(2)

(Yo) _____ temprano.

(3)

(Yo) _____ los dientes.

(4)

Alfonso _____ a los niños.

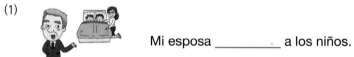

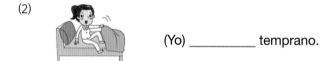

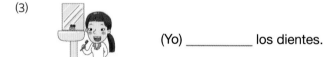

3 다음 질문에 [보기]처럼 대답해 보세요.

> [Modelo]   A ¿Es esta casa de Ana y Luis?   B Sí, *es suya.*

(1) A ¿Son estos coches de tu madre?   B Sí, _____.

(2) A ¿Son estas maletas de Alonso y Mónica?   B Sí, _____.

(3) A ¿Es este libro de vosotros?   B Sí, _____.

★ maleta *f.* 트렁크

[듣기] ● 녹음을 듣고 질문에 답하세요.

076

(1) Miguel의 일과를 순서대로 배열해 보세요.

(   ) → (   ) → (   ) → (   )

(2) ¿A qué hora se levanta Miguel?

① a las seis y media   ② a las siete y media   ③ a las diez y media

(3) ¿A qué hora se acuesta Miguel?

① a las siete y media   ② a las diez y media   ③ a las once y media

---

[읽기] ● 보라의 하루 일과를 순서대로 배열해 보세요.

> ① Normalmente vuelve a casa a las ocho.
> ② Se viste. Luego, sale de casa.
> ③ Se va a la cama a las once y media.
> ④ Bora se levanta temprano, a las siete y diez, más o menos.
> ⑤ Después de cenar, se baña.
> ⑥ Se lava el pelo después de desayunar.

(   ) → (   ) → (   ) → (   ) → (   ) → (   )

스페인의 대표 화가, 고야와 피카소

스페인은 백 명의 범인이 아니라 한 명의 천재가 만드는 나라라고 했던가요.
이 말이 무색하지 않게 전 세계의 미술사에 큰 족적을 남긴 스페인 출신 화가가 여럿입니다.
그중에서도 우리에게 가장 익숙한 고야와 피카소에 대해 알아보도록 합시다.

현대 회화의 개척자, 고야

18세기 스페인을 대표하는 프란시스코 고야(Francisco José de Goya y Lucientes, 1746~1828)는 현대 회화의 장을 최초로 연 화가로 평가됩니다. '옷 벗은 마야'와 '옷 입은 마야 (Maja)'로 우리에게 친숙한 그는 태피스트리 밑그림을 그리는 데 20년간 종사했습니다. 1789년에 왕실 전속 화가로 임명된 후, 국왕 및 왕실 일가의 초상화 등을 남겼습니다. 청각을 잃은 이후에는 사회에 냉소적으로 변했는데, 그런 그의 내면 세계를 '변덕(los caprichos)'이라고 명명한 기이한 판화 시리즈에 표출하기도 하였습니다. 이후 그의 그림은 더욱 어두워져, 말년의 '검은 그림 (Pinturas negras)' 시리즈는 너무 기괴해서 보는 사람들이 공포를 느끼게끔 하는데, 고야 자신의 고독하고 슬픈 노년을 그려 낸 것이라고 합니다.

입체파의 창시자, 피카소

입체파(큐비즘)의 창시자 중 한 명인 빠블로 루이스 피카소(Pablo Ruiz Picasso, 1881~1973)는 안달루시아의 Malaga 말라가에서 태어났습니다. 14세에 이미 천재적인 재능을 표출했던 그는 바르셀로나를 거쳐 파리에 정착하여 긴 세월 동안 정력적으로 활동하며 수많은 작품을 남겼지요. 그의 일생은 청소년기의 음울한 '청색 시대'를 거쳐 사랑에 눈을 뜬 '장밋빛 시대', 본격적인 입체파로 들어선 '흑색 시대'로 나뉩니다. 대중에게 널리 알려진 뛰어난 작품들을 많이 남겼습니다. 특히 1937년에 독일 나치 전투기의 기습적인 폭탄 공격으로 주민 대다수가 목숨을 잃은 스페인 바스크 지역의 작은 마을 Guernica 게르니까의 참상을 화폭에 담아낸 작품이 마드리드의 Reina Sofía 레이나 소피아 미술관에 전시되어 있는데, 당시 피카소가 느꼈던 전쟁의 공포와 슬픔, 분노를 지금까지도 우리들에게 고스란히 전해 주고 있습니다.

Capítulo 15

¿Qué estás haciendo?

동영상 강의

- 현재 진행형: Estar 동사 + 현재 분사

- 의견을 표현하는 동사

- 비교급

- 최상급

● 현재 진행형: Estar 동사 + 현재 분사

yo	estoy				현재 분사	
tú	estás					
él, ella, Ud.	está	+	hablando		-ar 형 동사 어근 + -ando	-er/-ir 형 동사 어근 + -iendo
nosotros/as	estamos		comiendo			
vosotros/as	estáis		viviendo		cantando	escribiendo
ellos, ellas, Uds.	están				estudiando	abriendo

Bora está hablando con mamá. 보라는 엄마와 얘기 중이다.

재귀 대명사나 직·간접 목적 대명사가 사용될 경우, 이들은 estar 동사의 앞이나 현재 분사 뒤에 첨가합니다.

Ella se está bañando(está bañándose). 그녀는 목욕 중이다.

> **참고**
>
> 불규칙형 현재 분사: leer → leyendo, dormir → durmiendo, ir → yendo, creer → creyendo, etc.

● 의견을 표현하는 동사

> **어순**   간접 목적 대명사 + **parece / parecen** + 형용사/부사 (+ 주어)

> **질문법**   **¿Qué te parecen** (a ti) <u>estos libros</u>? 네겐 이 책들이 어때 보이니?
>   명사
>   **¿Qué le parece** (a Ud.) <u>aprender</u> español? 스페인어 배우는 것이 어때요?
>   동사 원형

Estas casas me parecen muy bonitas. 내 생각에는 이 집들이 매우 예쁘다.

¿Te parece bien este regalo? 이 선물이 괜찮아 보여?

'생각하다'를 뜻하는 기타 동사들: Creer, Pensar, Opinar

¿Qué opina sobre esta película? 이 영화에 대해 어떻게 생각해요?

Pienso(Creo) que es un poco violenta. 내 생각엔 조금 폭력적이에요.

> **참고**
>
> pensar: pienso, piensas, piensa, pensamos, pensáis, piensan

¿Qué te parece
Miguel?
너는 미겔이 어때?

Es el más simpático
entre mis amigos.
내 친구들 중 가장 상냥한 사람이야.

● 비교급

우등 또는 열등 (~보다 더/덜): más/menos + 명사/형용사/부사 + que

Tengo <u>más/menos</u> amigos <u>que</u> tú. 나는 너보다 많은(적은) 친구를 가지고 있다.

Bora corre <u>más/menos</u> rápido <u>que</u> yo. 보라는 나보다 더(덜) 빨리 달린다.

우등 또는 열등 (~보다 더/덜 ~하다): 동사 + más/menos + que

Elena lee <u>más/menos</u> <u>que</u> yo. 엘레나는 나보다 독서를 더(덜) 한다.

동등 (~처럼 ~한): tan + 형용사/부사 + como

Este hotel es <u>tan</u> caro <u>como</u> aquel. 이 호텔은 저것만큼 비싸다.

동등 (~처럼 ~하다): 동사 + tanto + como

Miguel estudia <u>tanto</u> <u>como</u> Juan. 미겔은 후안만큼 공부한다.

> **주의**
> **tanto**: 형용사, 부사 앞에서 tan으로 바뀌지만, 명사 앞에서는 tanto/a/os/as로 명사의 성·수에 일치하며, 동사는 tanto의 형태로 수식합니다.

동등 (~처럼 많은 ~): tanto/a/os/as + 명사 + como

Tengo <u>tantos</u> amigos <u>como</u> tú. 나는 너처럼 많은 친구들을 가지고 있다.

불규칙형: 'más + bueno/a, malo/a, grande, pequeño/a, bien, mal'은 한 단어로 바꿔 씁니다.

			비교급	최상급
más +	bueno/a/os/as malo/a/os/as grande/s pequeño/a/os/as	더 나은, 더 훌륭한 더 나쁜, 더 질 낮은 더 나이 많은 더 어린 →	mejor(es) peor(es) mayor(es) menor(es)	el/la/los/las mejor(es) el/la/los/las peor(es) el/la/los/las mayor(es) el/la/los/las menor(es)
más +	bien mal	더 잘 더 나쁘게 →	mejor peor	×

Mi bicicleta es mejor/peor que la tuya. 내 자전거는 네 것보다 낫다(나쁘다).

Su madre es mayor/menor que su padre. 그의 어머니는 아버지보다 연상이다(연하이다).

● 최상급

> **주의**
> **grande/s, pequeño/a/os/as**: 크기를 비교하는 경우에는 más/menos와 함께 씁니다.
> Mi casa es más grande que la tuya. 내 집은 네 것보다 크다.

> **el, la, los, las (+ 명사) + más/menos + 형용사 (+ de/entre~)**
> **el, la, los, las + 비교급 불규칙형 + 형용사 (+ de/entre~)**

Este es <u>el (coche) más caro de</u> este pueblo. 이것이 이 마을에서 가장 비싼 차.

Soy <u>la menor de</u> mis hermanos. 나는 내 형제들 중 가장 어리다.

Estoy viendo una película.

¿Qué estás haciendo?

María	¡Diga!
Juan	Hola, María. Soy Juan. ¿Qué estás haciendo?
María	Estoy viendo una película en la televisión.
Juan	Mi mamá está preparando la tarta de queso. ¿Vienes a probarla?
María	¡Sí! Me parece que la película termina pronto.
Juan	Pues nos vemos a las seis en mi casa.

마리아	여보세요.
후안	안녕, 마리아. 나 후안이야. 뭐 하고 있니?
마리아	TV에서 영화를 보고 있어.
후안	우리 엄마가 치즈 케이크를 만들고 계셔. 맛보러 올래?
마리아	응! 내 생각엔 영화가 곧 끝날 것 같아.
후안	그럼, 우리 집에서 6시에 보자.

대화 TIP

- **Diga (= dígame)**: '말씀하세요'라는 뜻으로 전화통화 시 '여보세요'의 의미로 씁니다. 지역에 따라 Hola, Aló, Bueno, Sí 등도 쓰입니다.

- **¿Vienes a probarla?**: 'venir a + 동사 원형' 구조로 '~하러 오다'를 뜻합니다.

- **Me parece que ~**: '간접 목적 대명사 + parecer 동사'가 의견을 나타내는 문장을 수반할 경우 que로 접속하여 씁니다.
  ¿Te parece que va a llover? = ¿Crees que va a llover? 비가 올 것 같아요?

- **Nos vemos**: 재귀 형식의 복수 동사는 상호적 의미를 가질 수 있으므로 '서로 보다' 즉 '만나다'를 뜻합니다.

새 단어 및 표현

película *f.* 영화
tarta *f.* 케이크
queso *m.* 치즈
que 관계사
pues 그러면

¿Cuál es la mejor televisión?

Es esta. Es el último modelo.

Antonio	¿Cuál es la mejor televisión de la tienda?
Dependienta	Es esta. Es el último modelo.
Antonio	Genial, pero es demasiado cara.
Dependienta	Entonces, ¿qué le parece esta? Es más barata que aquella.
Antonio	Ya es un modelo antiguo, ¿no?
Dependienta	¿Y esta? Creo que es tan buena como la primera. Además, está de oferta.
Antonio	El precio no está mal. Voy a pensar un poco.

안또니오	어떤 것이 매장에서 가장 좋은 TV죠?
점원	이것입니다. 최신 모델이죠.
안또니오	끝내주는군요. 하지만 너무 비싸요.
점원	그럼, 이것은 어떠세요? 저것보다 더 저렴합니다.
안또니오	이미 옛날 모델이잖아요. 그렇죠?
점원	그럼 이것은요? 저는 이것이 첫 번째 것만큼 좋다고 생각해요. 더군다나 특가 판매 중이죠.
안또니오	가격이 나쁘지 않네요. 조금 생각해 보겠습니다.

새 단어 및 표현

mejor 더 나은
tienda *f.* 가게, 상점
último/a 마지막의, 최신의
modelo *m.* 모델
genial 훌륭한, 멋진, 끝내주는
demasiado 너무나
antiguo/a 오래된
creer 믿다, 생각하다
tan 그렇게
como ~같은
oferta *f.* 특가 판매, 할인 판매
precio *m.* 가격

대화

- **Estar de oferta**: '할인 판매 중이다'라는 뜻의 숙어입니다.

- **Creo que es tan buena como la primera**: 동사(creer)가 다른 구문을 목적어로 쓸 때 관계사 que로 연결합니다. 또한 primera는 정관사 la와 쓰여 '첫 번째 것'이라는 명사의 기능을 합니다.

● **가전제품**

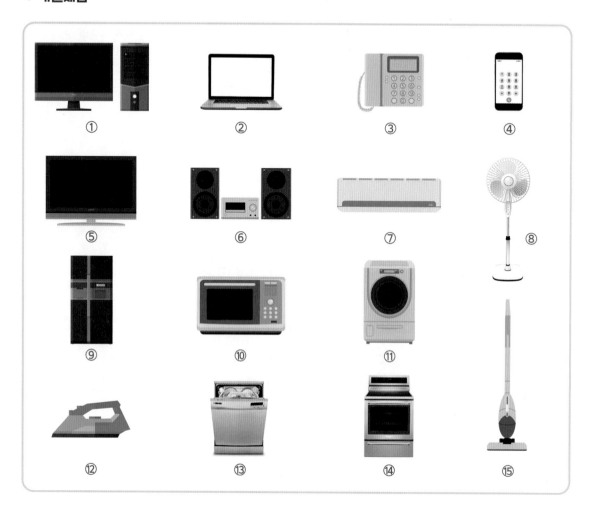

① **ordenador**   *m.* 컴퓨터
    computador(a)   *m.f.* 컴퓨터
    ※ **ordenador**는 스페인에서만 사용합니다.
② **(ordenador) portátil**   *m.* 노트북 컴퓨터
③ **teléfono**   *m.* 전화기
④ **(teléfono) móvil**   *m.* 휴대 전화
    (teléfono) celular
    ※ **móvil**은 스페인에서만 사용합니다.
⑤ **televisión**   *f.* 텔레비전
⑥ **equipo musical**   *m.* 오디오 장비
⑦ **aire acondicionado**   *m.* 에어컨

⑧ **ventilador**   *m.* 선풍기
⑨ **nevera**   *f.* 냉장고
    refrigerador   *m.* 냉장고
⑩ **microondas**   *m.* 전자레인지
⑪ **lavadora**   *f.* 세탁기
⑫ **plancha**   *f.* 다리미
⑬ **lavavajillas**   *m.* 식기세척기
    lavaplatos
⑭ **horno**   *m.* 오븐
⑮ **aspiradora**   *f.* 진공청소기

의견에 동조하거나 반대하기

동조하기

A veces la gente no es amable.

Tienes razón.

A 사람들은 가끔 상냥하지 않아요.

B 네(당신) 말이 옳아요.

B의 기타 표현

Sí, así es. 그건 그래요.

Es cierto., Es verdad.
맞아요, 사실이에요.

Por supuesto.
물론이지요.

Desde luego.
물론이지요.

반대하기

Todos los españoles son morenos.

No, estás equivocada.

A 스페인 사람들은 전부 검은색 머리카락을 가졌어요.

B 아니요, 잘못 알고 있어요.

B의 기타 표현

No tienes/tiene razón.
네(당신) 말은 틀려요.

Eso no es así.
그건 그렇지 않아요.

Es falso., Es mentira.
거짓이에요.

문법 **1** 다음을 주어에 맞게 현재 진행형으로 바꿔 보세요.

| Modelo | beber leche (Yo) → | <u>Estoy bebiendo leche.</u> |

(1) dormir mucho / Tú → _____

(2) lavarse el pelo / Usted → _____

(3) leer el periódico / Ellos → _____

★ beber 마시다 | periódico *m.* 신문

2 다음 그림을 보고 보기 처럼 써 보세요.

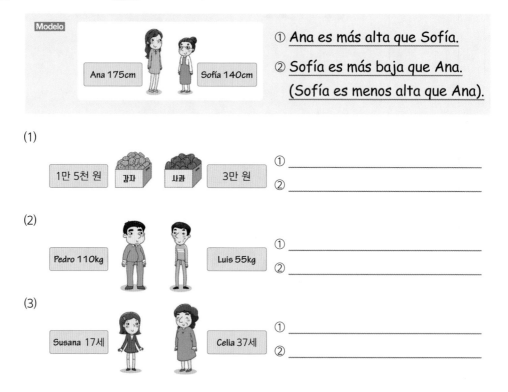

Modelo

Ana 175cm   Sofía 140cm

① <u>Ana es más alta que Sofía.</u>

② <u>Sofía es más baja que Ana.</u>
  <u>(Sofía es menos alta que Ana).</u>

(1)

1만 5천 원 감자   사과 3만 원

① _____
② _____

(2)

Pedro 110kg   Luis 55kg

① _____
② _____

(3)

Susana 17세   Celia 37세

① _____
② _____

★ patata *f.* 감자 | manzana *f.* 사과 | gordo/a 뚱뚱한 | delgado/a 마른

3 알맞은 동사를 현재 진행형으로 활용하여 그림에 맞는 표현을 완성하세요.

hacer	llover	ducharse	escribir

(1)

_____ una carta.

(2)

_____.

(3)

¿Qué _____, papá?

(4)

_____.

듣기 ● 녹음을 듣고 빈칸에 알맞은 단어를 고르세요.

081

(1) _____ es el/la mayor de todos.

① Ana   ② Manuel   ③ Carlos   ④ Pablo

(2) Pablo es _____ joven _____ Carlos.

① más, que   ② menos, que   ③ tan, como

(3) Ana tiene _____ años _____ Pablo.

① más, que   ② menos, que   ③ tan, como

읽기 ● 지도를 보고 다음 문장에서 틀린 부분을 바르게 고쳐 보세요.

(1) México es más pequeño que Uruguay.

(2) Ecuador es más grande que Colombia.

(3) Colombia es tan grande como Venezuela.

(4) Perú es el más pequeño de estos países.

(5) Argentina es tan grande como Chile.

★ país *m.* 나라

아메리카 대륙의 발견과 정복

아메리카 대륙을 발견한 콜럼버스

전 세계 육지 면적의 약 30%를 차지하는 아메리카 대륙은 크리스토퍼 콜럼버스(1451~1506)에 의해 1492년 10월 12일 '발견'되어 스페인을 강대국으로 발돋움시켰습니다. 제노바인이었던 그는 향신료의 주산지인 인도로 가는 새로운 항로를 개척하겠다는 목표로 서유럽 왕실을 전전하며 후원자를 찾다가 마침내 1492년에 스페인을 통일한 이사벨 여왕에게서 범선 3척과 자금을 조달받을 수 있었지요. 미래의 부와 작위를 약속 받은 그는 1504년까지 네 차례나 대서양을 횡단하며 아메리카 대륙 탐험에 나섰으나 대륙의 주변만을 맴돌았기 때문에,

콜럼버스

죽을 때까지 인도의 어느 섬이라고 생각했을 뿐 자신이 새로운 대륙을 발견하였다는 사실을 알지 못하였습니다. 그리하여 이후에 그곳이 신대륙임을 주장한 아메리코 베스푸치의 이름을 따 '아메리카' 대륙이라고 명명된 것이지요. 원주민 세력의 강한 저항을 받은 데다 항해의 경제적 이득이 크지 많았기에, 아메리카 개척 사업은 콜럼버스의 손을 떠나 왕실에 인가된 상단으로 넘어가게 됩니다.

아스떼까 가상 수도

제국의 멸망, 그리고 열강의 정복

이후 대륙 정복은 오늘날 멕시코의 수도인 멕시코시티 지역에 위치했었던 azteca 아스떼까 제국과 남미 페루를 중심으로 남미의 광대한 지역을 지배했던 inca 잉카 제국을 무너뜨리면서 본격화되었습니다. 기술력과 정보력, 무기 등에서 현격히 우세했던 스페인은 부족 간의 견제와 다툼을 이용하여 비교적 쉽게 정복 전쟁을 실행하였습니다. 또한 정복자와 피정복자 간의 문화나 종교, 세계관의 차이에 의해 토착민들은 유럽인들이 들여온 천연두나 홍역, 장티푸스를 천벌로 인식하기도 하였습니다.

4백여 명의 스페인 군사와 15필의 말, 수천 명의 원주민 지원군을 바탕으로 신대륙 정복에 나섰던 에르난 꼬르떼스(Hernán Cortés, 1485~1547)는 1521년 아스떼까 제국을 무너뜨렸고, 남미 서부 지역을 널리 지배했던 잉카 제국은 프란시스꼬 피싸로(Francisco Pizarro, 1478~1541)에 의해 1533년에 멸망하였습니다.

Capítulo 16 ¿Podré hablar español?

동영상 강의

● 미래 시제

● Si 가정문

● Conocer 동사와 Saber 동사의 비교

● -ísimo/a/os/as

¿Podré hablar español?
제가 스페인어를 할 수 있게 될까요?

Podrás si estudias mucho.
열심히 하면 할 수 있을 거야.

● 미래 시제

동사 원형에 미래 시제 어미가 첨가되어 만들어집니다.

동사 원형 +	-é	hablaré	beberé	viviré
	-ás	hablarás	beberás	vivirás
	-á	hablará	beberá	vivirá
	-emos	hablaremos	beberemos	viviremos
	-éis	hablaréis	beberéis	viviréis
	-án	hablarán	beberán	vivirán

불규칙형: 일부 동사들은 변화한 어근에 미래 시제 어미가 첨가됩니다.

decir	→	**dir-**		-é	salir	→	**saldr-**		-é
hacer	→	**har-**		-ás	tener	→	**tendr-**		-ás
poder	→	**podr-**	+	-á	venir	→	**vendr-**	+	-á
querer	→	**querr-**		-emos	poner	→	**pondr-**		-emos
saber	→	**sabr-**		-éis	haber	→	**habr-**		-éis
				-án					-án

Esta tarde vendrá el abuelo.
오늘 오후에 할아버지가 오실 것이다.

No lloverá mañana.
내일은 비가 오지 않을 것이다.

> **참고**
> 미래 시제는 종종 luego, más tarde, el año(el mes/la semana) próximo/a, mañana, en el año 2030 등과 함께 쓰입니다.
> Iré a verte más tarde.
> 나중에 너를 보러 갈게.

> **주의**
> **haber**: hay 동사의 원형으로 사람이나 사물의 위치는 habrá 만을 사용하여 나타냅니다.
> Habrá mucha gente en la fiesta.
> 파티에 사람이 많을 것이다.

● Si 가정문

Si + 현재 시제,	현재 시제	**Si llueve**, ella no **viene**.	비가 오면 그녀는 오지 않는다.
	미래 시제	**Si** no **comes**, no **saldrás**.	너는 먹지 않으면 외출하지 못한다.
	명령형	**Si te duele** la cabeza, **descansa**.	머리 아프면 쉬어.

> **주의**
> si (만일 ~한다면) / sí (네)

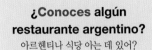

¿Conoces algún restaurante argentino?
아르헨티나 식당 아는 데 있어?

Sí, conozco uno.
응, 한 군데 알아.

● Conocer 동사와 Saber 동사의 비교

Saber 동사 p.76 참조

yo	conozco	nosotros/as	conocemos
tú	conoces	vosotros/as	conocéis
él, ella, ud.	conoce	ellos, ellas, uds.	conocen

Conocer +	a + 사람 장소	Mi madre **conoce** a Miguel. 나의 엄마는 미겔을 아신다. ¿**Conoces** España? 너 스페인 가 봤니?
Saber +	동사 원형(~할 줄 알다) 사건, 정보 의문사 / 관계사	Bora **sabe** hablar español. 보라는 스페인어를 할 줄 안다. ¿**Sabe** quién es Carmen Santos? 까르멘 산또스가 누군지 아세요? **Sé** que mi madre me quiere. 나는 엄마가 나를 사랑하시는 걸 알고 있다.

> ¿**Saber** + **si** + 문장?: ~인지 아닌지 알고 있습니까?

¿Sabes si llueve hoy? 오늘 비가 오는지 오지 않는지 아니?

¿Sabe si Miguel cena en casa? 미겔이 집에서 저녁을 먹는지 먹지 않는지 아세요?

● -ísimo/a/os/as

절대 최상급 어미 -ísimo/a/os/as는 '매우 ~한/하게'를 뜻하며 다음과 같이 형성합니다.

> 형용사 (**alto**): 마지막 모음 제거 + -ísimo/a/os/as → altísimo/a/os/as
> 형용사 (**difícil**): 마지막 자음 + -ísimo/a/os/as → dificilísimo/a/os/as
> 부사 (**tarde**): 마지막 모음 제거 + -ísimo → tardísimo

참고
불규칙형:
feliz → felicísimo
blanco → blanquísimo
amable → amabilísimo
joven → jovencísimo, etc

Su casa es grandísima. 그의 집은 정말 크다.

Te quiero muchísimo. 난 너를 무척 사랑해.

¿Qué vas a hacer el próximo año?

Aprenderé a conducir.

Nacho	¿Qué vas a hacer el próximo año?
Bora	Aprenderé a conducir. Y tú, ¿qué vas a hacer?
Nacho	Si tengo dinero, viajaré por Europa.
Bora	¿Tienes suficiente dinero?
Nacho	Todavía no. Pero si no gasto mucho, podré ir.
Bora	Tendrás que ahorrar mucho dinero si quieres visitar varios países.

나초	내년에는 뭐 할 거야?
보라	운전을 배울 거야. 너는 뭐 할 거니?
나초	돈이 있으면 유럽 여행을 할 거야.
보라	충분한 돈은 있니?
나초	아직은 없어. 하지만 돈을 많이 쓰지 않는다면 갈 수 있을 거야.
보라	여러 나라를 방문하고 싶다면 많은 돈을 모아야만 할 거야.

대화 TIP

- 미래 시제는 미래의 일을 예상하거나 추측할 때 씁니다.

- **Aprender a + 동사 원형**: ~하는 법을 배우다

- **Si**: '만일 ~라면'을 뜻하는 접속사로 가정문을 형성합니다.

새 단어 및 표현

próximo/a 다음의, 가까운
año *m.* 해, 년
aprender 배우다, 습득하다
conducir 운전하다
Europa *f.* 유럽
suficiente 충분한
todavía 아직 ~않다/이다
gastar 쓰다, 소비하다
ahorrar 아끼다, 모으다
vario/a 여러
país *m.* 나라

¿Conoces a Lucas García?

Claro, lo conozco muy bien.

María	¿Conoces a Lucas García?
Minsu	Claro, lo conozco muy bien. Es un amigo mío, un chico buenísimo.
María	¿Sabes si va a venir a nuestra fiesta?
Minsu	Vendrá. ¿Por qué no le mandas la invitación?.
María	Sí, lo voy a hacer. ¿Sabes dónde vive?
Minsu	Vive en la calle Lepanto 27.

마리아	루까스 가르씨아를 알아?
민수	물론이지, 그를 아주 잘 알아. 내 친구 중 하나로 아주 착한 청년이야.
마리아	우리 파티에 올 것인지 아닌 지 알아?
민수	올 거야. 그에게 초대장을 보 내지 그래?
마리아	응, 할 거야. 어디 사는지 알 아?
민수	레빤또 거리 27번지에 살아.

대화 TIP

- Conocer는 보통 체험하여 알게 되는 경우(사람, 장소 등)에 사용합니다.
- ¿Conoces a Lucas?: 사람을 안다고 할 때는 conocer 동사를 사용합니다.
- ¿Sabes dónde vive?: 의문사나 관계사가 이끄는 절을 목적어로 쓸 때는 saber 동사를 씁니다.
- ¿Por qué no ~?: 상대방에게 권유하는 표현으로 씁니다.
  ¿Por qué no vas conmigo? 나랑 같이 가지 그래?
- ¿Saber si ~?: ~인지 아닌지 알아요?

새 단어 및 표현

mandar 보내다, 부치다
invitación *f.* 초대
¿Sabes dónde vive?
어디 사는지 알아?

● **과일류**

① ② ③ ④ ⑤ ⑥ ⑦

● **채소류**

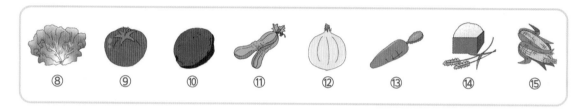

⑧ ⑨ ⑩ ⑪ ⑫ ⑬ ⑭ ⑮

● **육류**

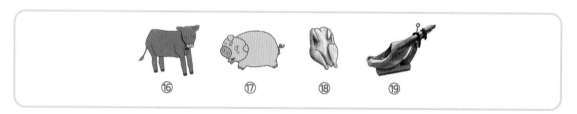

⑯ ⑰ ⑱ ⑲

① **manzana** *f.* 사과

② **pera** *f.* 배

③ **fresa** *f.* 딸기

④ **uva** *f.* 포도

⑤ **melocotón / durazno** *m.* 복숭아
※ 스페인어권 지역에 따라 명칭이 다릅니다.

⑥ **plátano** *m.* 바나나
※ **banana** (*f.* 바나나)를 사용하는 지역도 있습니다.

⑦ **naranja** *f.* 오렌지

⑧ **lechuga** *f.* 상추

⑨ **tomate** *m.* 토마토

⑩ **patata / papa** *f.* 감자
※ 중남미에서는 **papa**를 사용합니다.

⑪ **pepino** *m.* 오이

⑫ **cebolla** *f.* 양파

⑬ **zanahoria** *f.* 당근

⑭ **arroz** *m.* 쌀

⑮ **maíz** *m.* 옥수수

⑯ **ternera** *f.* 송아지

⑰ **cerdo** *m.* 돼지

⑱ **pollo** *m.* 닭고기

⑲ **jamón** *m.* 하몽

정식 메뉴 주문법

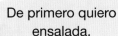

¿Qué quiere de primero?

De primero quiero ensalada.

A 첫 번째 요리로 뭘 드릴까요?
B 첫 번째 요리로는 샐러드 주세요.

¿Y de segundo?

De segundo quiero pollo asado.

A 두 번째 요리로 뭘 드릴까요?
B 두 번째 요리로는 통닭을 주세요.

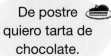

¿Qué quiere de postre?

De postre quiero tarta de chocolate.

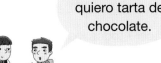

A 후식은 뭘 드릴까요?
B 후식으로는 초코 케이크를 주세요.

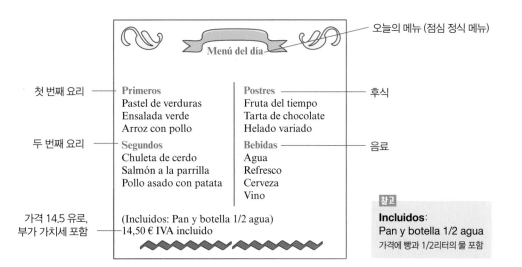

오늘의 메뉴 (점심 정식 메뉴)

Menú del día

첫 번째 요리 ── **Primeros**
Pastel de verduras
Ensalada verde
Arroz con pollo

두 번째 요리 ── **Segundos**
Chuleta de cerdo
Salmón a la parrilla
Pollo asado con patata

Postres ── 후식
Fruta del tiempo
Tarta de chocolate
Helado variado

Bebidas ── 음료
Agua
Refresco
Cerveza
Vino

가격 14.5 유로, ── (Incluidos: Pan y botella 1/2 agua)
부가 가치세 포함 ── 14,50 € IVA incluido

참고
Incluidos:
Pan y botella 1/2 agua
가격에 빵과 1/2리터의 물 포함

문법

1 주어진 동사와 주어를 사용하여 그림에 알맞은 문장을 만들어 보세요.

① _____
Ana

② _____

③ _____
restaurante chino

(1) Saber / yo •

(2) Conocer / tú •

★ nadar 수영하다 | restaurante *m.* 식당

2 주어진 단어로 보기 처럼 문장을 완성하세요.

Modelo En el futuro la gente / vivir / más → **En el futuro la gente vivirá más.**

(1) En el futuro la vida / ser / muy diferente

→ _____

(2) En el futuro los robots / hacer / todos los trabajos

→ _____

(3) En el futuro la gente / poder viajar / a la Luna

→ _____

★ vida *f.* 삶, 목숨 | diferente 다른 | gente *f.* 사람들 | luna *f.* 달

3 주어진 표현 중 하나를 선택하여 보기 와 같이 가정문을 완성하세요.

estar enfermo/a   hacer buen tiempo   encontrar piso

Modelo **Si no vienes a clase,** no aprenderás.

(1) _____, haremos una excursión.

(2) _____(nosotros), nos casaremos.

(3) _____(yo), ¿quién lo hará?

★ aprender 배우다, 습득하다 | excursión *f.* 소풍 | casarse 결혼하다 | encontrar 만나다, 찾다 | piso *m.* 아파트, 층

182

● 녹음을 듣고 질문에 답하세요.

086

(1) ¿Qué hará Nacho este sábado?

 ① 　　② 　　③

(2) Nacho가 토요일에 할 일을 순서대로 배열한 것은?

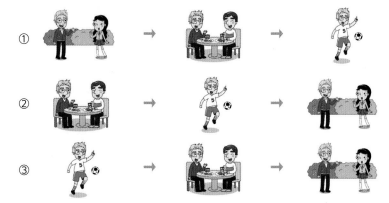

(3) ¿Qué hará Nacho este domingo?

 ① 　　② 　　③

★ quedar 만나다 ｜ primo/a *m.f.* 사촌 ｜ luego 이후에, 다음에

● 서로 연결할 수 있는 표현을 모두 짝 지어 보세요.

(1) Si me toca la lotería,　●

(2) Si me pagan muy poco
　　en mi trabajo,　●

(3) Si pierdo todo el dinero,　●

● ① gastaré todo el dinero.

● ② compraré un coche nuevo.

● ③ iré a la policía.

● ④ viajaré por todo el mundo.

● ⑤ buscaré otro trabajo.

★ lotería *f.* 복권 ｜ pagar 지불하다, 갚다 ｜ mundo *m.* 세계 ｜ buscar 찾다 ｜ otro/a 다른 ｜ perder 잃어버리다

스페인의 대표적인 음식

'작은 대륙'으로 불리는 스페인은 국가를 대표하는 특별한 음식을 말하기 힘들 정도로 지역마다
독특한 음식의 종류가 매우 다양합니다. 물론 이탈리아나 남프랑스, 그리스와 마찬가지로 전형적인
지중해식 식단을 기반으로 하지요. 즉, 포도주, 절인 올리브, 다양한 훈제 육류, 치즈, 쌀, 올리브유,
채소, 콩류, 마늘, 양파, 빵, 과일, 요구르트를 기본으로 하여 식생활이 이루어지고
축제나 명절에는 이슬람의 영향을 받은 케이크나 빵, 견과류를 많이 먹습니다.

북부의 País Vasco 빠이스 바스꼬와 Galicia 갈리
시아 지역에서는 대서양에 맞닿아있는 지리적 특성
으로 인해 다양한 해산물을 이용한 요리가 발달하
였습니다. 특히 바스크는 다양하고 수준 높은 요리
를 뽐내며 유명 요리사를 가장 많이 배출하였지
요. 또한 Asturias 아스뚜리아스 지역은 콩 스튜
(fabada)와 사과주(sidra)가 대표적입니다.

동부 지중해 연안 지역은
로마나 이슬람 등의 외부
영향을 많이 받았습니다.
올리브, 쌀, 오렌지, 아몬
드, 사프란 등을 해산물
을 비롯한 여러 재료가 혼합된 요리가 발달했으며
맛 좋은 과일과 채소의 대표적인 산지입니다. 특히
쌀 요리인 paella 빠에야는 스페인을 대표하는 요리
로 자리 잡았습니다.

건조하고 추운 중부 내륙 지역은 멧돼지, 꿩,
메추리 등과 함께 새끼 양이나 새끼 돼지 통
구이, 마드리드풍 전골, 통닭(오븐 구이), 마늘
스프, 토마토 퓨레 등이 유명하며 묵직한 스튜
를 포도주와 곁들이는 전통을 가지고 있습니
다. 특히 크리스마스 즈음부터 연초까지 먹는
일종의 과자라고 할 수 있는 Toledo 똘레도
지역의 mazapán 마싸빤은 매우 독특하다
고 할 수 있습니다.

이슬람의 전통이 강하게 남아 있는
남부 지역은 쌀, 레몬, 토마토, 피망, 향신료 등
을 널리 사용합니다. 사프란과 아몬드 등이 첨
가된 소스와 숯불 구이가 유명하며, 생선 튀김
과 jamón 하몽과 같은 훈제 육류가 대표적입
니다. 특히 마늘, 피망, 양파, 토마토 등을 갈아
넣어 차게 먹는 여름 스프 gazpacho 가스빠초
도 세계적으로 유명합니다.

17

¿Qué hiciste ayer?

- 현재 완료: Haber 동사의 현재형 + 과거 분사

- 동사의 단순 과거형

¿Has cenado? 저녁 먹었어?		**Sí, he cenado ya.** 응, 이미 먹었어.	

● 현재 완료: Haber 동사의 현재형 + 과거 분사

	Haber 동사	과거 분사	과거 분사	
			-ar 형 동사 어근 + **-ado**	**-er/-ir** 형 동사 어근 + **-ido**
yo	**he**			
tú	**has**			
él, ella, Ud.	**ha**	**cenado**		
nosotros/as	**hemos**	+ **bebido**	**hablado** **estudiado**	**venido** **ido / sido**
vosotros/as	**habéis**	**vivido**		
ellos, ellas, Uds.	**han**			

· **불규칙형 과거 분사**: abrir → abierto, hacer → hecho, poner → puesto, ir → ido, decir → dicho, ver → visto, escribir → escrito, romper → roto, volver → vuelto, etc.

· 현재가 포함된 과거를 표현하며 hoy, esta mañana / tarde / noche, este mes / verano / año / fin de semana, ya, todavía no 등의 시간 표현들과 함께 자주 사용됩니다.

Hoy no he ido a la escuela. 나는 오늘 학교에 가지 않았다.

Este mes no ha llovido. 이번 달에 비가 오지 않았다.

A ¿Ya se ha levantado? 그는 이미 일어났니?

B No, todavía no se ha levantado. 아니, 아직 안 일어났어.

· 가까운 과거의 경험이나 행위, 사건 등을 나타내며, 또한 경험의 유무와 빈도를 표현합니다. 보통 nunca, alguna vez, muchas veces, siempre, hasta ahora, en mi vida 등의 표현들과 함께 사용됩니다.

En mi vida nunca me he levantado tarde. 일평생 나는 한 번도 늦게 일어난 적이 없다.

Siempre me ha gustado el arte. 언제나 나는 예술이 좋았다.

A ¿Has estado allí alguna vez? 너 거기 가 본 적 있니?

B Sí, he estado de vacaciones. 응, 휴가차 갔어.

C No, no he estado nunca (= nunca he estado). 아니, 한 번도 가 본 적 없어.

> **참고**
> vez *f.* 번, 횟수, 차례

> **Ayer me levanté muy tarte.**
> 나는 어제 무척 늦게 일어났어.

> **¿Llegaste tarde al trabajo?**
> 회사에 지각했어?

● 동사의 단순 과거형

Ayer, el año / fin de semana / viernes pasado, aquel día / año, hace un año / dos meses 등
과 함께 과거의 종결된 행위나 사건을 나타냅니다.

Ayer no salimos. Dormimos todo el día. 어제 우린 나가지 않았어. 종일 잤어.
Bora volvió a casa, se duchó y cenó. 보라는 집에 돌아와서 샤워하고 저녁을 먹었다.

규칙형

	-ar형: Cenar	**-er형: Comer**	**ir형: Vivir**
yo	cen-**é**	com-**í**	viv-**í**
tú	cen-**aste**	com-**iste**	viv-**iste**
él, ella, Ud.	cen-**ó**	com-**ió**	viv-**ió**
nosotros/as	cen-**amos**	com-**imos**	viv-**imos**
vosotros/as	cen-**asteis**	com-**isteis**	viv-**isteis**
ellos, ellas, Uds.	cen-**aron**	com-**ieron**	viv-**ieron**

불규칙형

estar → **estuv-**			**Decir**	**Dar**	**Hacer**	**Ir / Ser**
tener → **tuv-**	**e**		dije	di	hice	fui
haber → **hub-**	**iste**		dijiste	diste	hiciste	fuiste
poder → **pud-**	**o**		dijo	dio	hizo	fue
poner → **pus-**	+ **imos**		dijimos	dimos	hicimos	fuimos
querer → **quis-**	**isteis**		dijisteis	disteis	hicisteis	fuisteis
saber → **sup-**	**ieron**		dijeron	dieron	hicieron	fueron
venir → **vin-**						

• 이 외에도 많은 불규칙형 동사들이 있습니다. p.228~230 참조

¿Por qué no me has contestado esta mañana?

¿Me has llamado?

Miguel	¿Por qué no me has contestado esta mañana?
Bora	¿Me has llamado?
Miguel	Sí, te he llamado dos veces.
Bora	He ido a nadar. ¿Por qué me has llamado?
Miguel	Es que Carlos ha regresado hoy de su viaje y ha preguntado por ti varias veces.
Bora	¿Ya ha vuelto a Granada? Bueno, yo lo llamo ahora.

미겔 왜 오늘 아침에 내 전화를 받지 않았니?

보라 나한테 전화했어?

미겔 그래, 두 번 전화했었어.

보라 나 수영하러 갔었어. 왜 전화했어?

미겔 까를로스가 오늘 여행에서 돌아 와서 여러 번 너에 대해 물어봤 거든.

보라 이미 그라나다로 돌아갔어? 좋아, 지금 그에게 전화할게.

주의

현재 완료 시제의 과거 분사는 절대로 형태 가 변하지 않습니다.

Hoy Bora ha comido paella. (○)
Hoy Bora ha comida paella. (×)

대화 **TIP**

• **¿Por qué no me has contestado esta mañana?**: 보통 este/a로 수식된 시간 표현은 현재 완료 시제와 사용됩니다.

• **¿Ya ha vuelto a Granada?**: Ya, todavía no처럼 행위가 종결되었는가, 그렇지 않은가를 나타내는 부사들은 현재 완료 시제에 쓰입니다.

새 단어 및 표현

contestar 대답하다, 전화 받다
llamar 부르다, 전화하다
vez *f.* 번, 회, 차례
nadar 수영하다
ya 이미, 벌써

¿Qué hiciste ayer?   Visitamos el Museo Nacional.

María	Ayer Bora y yo paseamos por el parque.
Nacho	Hizo buen tiempo, ¿verdad?
María	Sí, me gustó mucho el paseo. Y tú, ¿qué hiciste ayer?
Nacho	Comí con Miguel y visitamos el Museo Nacional.
María	Tiene muchísimas salas, ¿no?
Nacho	Por eso, no pudimos verlo todo.

마리아	어제 보라와 난 공원을 산책했어.
나초	날씨가 좋았지, 그렇지?
마리아	응, 난 그 산책이 무척 좋았어. 너는 어제 뭐 했니?
나초	미겔과 점심 먹고 우리는 국립 박물관을 방문했어.
마리아	전시실이 아주 많지, 그렇지?
나초	그래서 우리는 모두 보지 못했어.

대화 **TIP**

- **Ayer Bora y yo paseamos por el parque**: 어제(ayer)라는 종결된 시점에 한 일을 말하고 있으므로 단순 과거 시제를 사용합니다.

- **Hizo buen tiempo, ¿verdad?**: 날씨는 항상 hace, 즉 3인칭 단수형으로 표현되므로 과거 시제도 마찬가지입니다.

- **Me gustó mucho**: gustar 동사의 특성상 단순 과거도 gustó, gustaron만 쓰입니다.

- **No pudimos verlo todo**: lo는 museo를 가리키는 목적 대명사이고 todo는 lo를 수식합니다.

새 단어 및 표현

ayer 어제
paseo *m.* 산책
sala *f.* 홀, 연회장
Por eso 그래서, 그것 때문에

● 생선류, 어패류

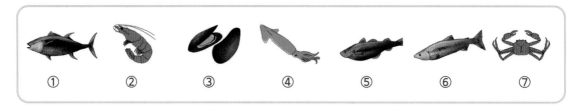

① ② ③ ④ ⑤ ⑥ ⑦

● 음료

⑧ ⑨ ⑩ ⑪ ⑫ ⑬ ⑭

● 기타

⑮ ⑯ ⑰ ⑱ ⑲ ⑳ ㉑

①	atún	m. 참치	⑫	cerveza	f. 맥주
②	gamba	f. 새우	⑬	café	m. 커피
③	mejillón	m. 홍합	⑭	refresco	m. 청량음료
④	calamar	m. 오징어	⑮	queso	m. 치즈
⑤	merluza	f. 대구과의 물고기	⑯	huevo	m. 달걀
⑥	salmón	m. 연어	⑰	vinagre	m. 식초
⑦	cangrejo	m. 게	⑱	aceite	m. 식용유
⑧	agua	f. 물	⑲	azúcar	m. 설탕
⑨	vino	m. 포도주	⑳	sal	f. 소금
⑩	leche	f. 우유	㉑	mantequilla	f. 버터
⑪	zumo / jugo	m. 주스			

※ 중남미에서는 jugo를 사용합니다.

감정 표현하기 III

공포

¡Qué miedo!

A 무서워요!

A의 기타 표현

¡Qué horror! 무서워요!

경고하기, 주의시키기

¡Cuidado!

A 조심해요!

A의 기타 표현

¡Ojo! 조심해요!
¡Atención! 조심해요!

안심하기

¡Tranquilízate/
tranquilícese!

A 안심하세요!

A의 기타 표현

¡Tranquilo/a! 안심하세요!
¡Cálmate / cálmese! 진정하세요!

욕하기

¡Animal!

A 이 짐승 같은 놈아!

A의 기타 표현

¡Sinvergüenza! 뻔뻔한 놈아!
¡Imbécil!, ¡Idiota!, ¡Tonto/a! 바보야!

문법

1 그림을 보고 주어진 동사의 현재 완료 시제를 사용하여 문장을 써 보세요.

| acostarse | escribir | cenar | levantarse |

A ¿Qué ha hecho Bora hoy?

(1)

B _____

_____

(2)

B _____

_____

(3)

B _____

_____

(4)

B _____

_____

2 십자말 풀이에서 다음 동사들의 단순 과거 yo형을 찾아보세요.

| querer | decir | ser | tener | saber |
| poder | poner | estar | hacer |

J	N	O	E	C	E	D	I	J	E
H	A	C	L	V	Q	F	U	O	Z
V	E	N	M	P	U	S	F	P	M
A	S	E	D	Q	I	T	C	U	R
R	T	O	S	U	P	E	S	D	T
Z	U	X	N	I	V	Y	I	E	A
E	V	U	T	S	A	E	S	U	P
X	E	C	R	E	C	I	H	C	M

3 문장에 알맞은 동사를 선택하세요.

(1) Hoy no (he ido / fui) a trabajar.

(2) (Hemos estado / Estuvimos) en Chile el verano pasado.

(3) ¿(Has probado / Probaste) alguna vez el ceviche?

(4) ¿(Has visto / Viste) ya la nueva película de Almodóvar?

(5) Los padres de Juan no (han venido / vinieron) nunca a Madrid.

듣기 ● 녹음을 듣고 질문에 답하세요.

091

(1) Nacho가 어제부터 오늘까지 한 일을 순서대로 배열해 보세요.

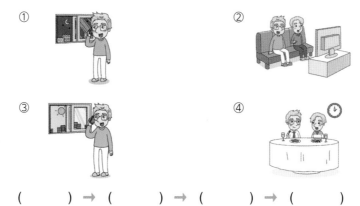

①   ②

③   ④

(   ) → (   ) → (   ) → (   )

(2) ¿Cuántas veces ha llamado Nacho a Miguel?

① una vez   ② dos veces   ③ tres veces

읽기 ● 다음 이메일을 읽고 질문에 답하세요.

> ¡Hola, mamá!
>
> Ayer cené con la familia de mi amiga Concha. Ella me invitó hace
> una semana. Después de cenar, salí a bailar con sus hermanos.
> ¡Qué noche más divertida! Anoche dormí en su casa. Esta mañana
> he vuelto a mi piso y la he llamado para darle las gracias.
>
> Un beso, María

(1) ¿Con quién sailó a bailar María?

① Con los amigos   ② Con los hermanos de Concha

③ Con la tía   ④ Con Concha

(2) ¿Qué hizo María en la casa de su amiga?

① Durmió   ② Bailó   ③ Invitó   ④ Llamó

★ bailar 춤추다

라틴 아메리카의 다양한 음식

광활한 라틴 아메리카에는 그 땅의 크기만큼 다양한 음식 문화가 발달했지만 기본적으로는 토착 재료(토마토, 감자, 카카오, 옥수수, 고추)와 유럽에서 건너 온 포도주, 식용유, 치즈 등이 혼합되어 있습니다. 스페인 문화가 전파되기 전에는 옥수수나 감자를 기본으로 여러 음식을 곁들여 먹었고, 아프리카 문화가 들어온 이후에는 유카(만디오카, 카사바 등의 이름으로도 불림), 코코넛, 사탕수수가 유입되었습니다.

또르띠야

먼저, 옥수수의 원산지인 멕시코 음식의 기본 재료는 50종이 넘는 옥수수와 강낭콩, 유럽에서 유입된 밀과 쌀입니다. 모든 음식은 지름 2~30㎝에 두께가 2㎜ 정도 되는 얇은 부침개와 비슷한 tortilla 또르띠야와 함께 먹습니다. 산화칼슘을 첨가한 옥수수 가루를 빚어 구워 내는데, 함께 먹는 재료와 그 형태에 따라 quesadilla 께사디야, taco 따꼬, enchilada 엔칠라다 등으로 달라집니다. 이는 과거 마야인들의 전통이지만 스페인어 이름이 붙은 것입니다. 또르띠야는 멕시코, 중미, 푸에르토리코, 도미니카 공화국 음식의 기본이며, 소스인 mole 몰레나 guacamole 과카몰레를 얹어 먹습니다. 또한 멕시코에서 생산되는 술인 tequila 떼낄라는 최소 51%에 달하는 푸른 아가베(agave) 원액과 옥수수나 사탕수수 시럽을 섞어 만듭니다.

과카몰레

데낄라

남미 안데스 지역에서는 감자 4천여 종, 유카 2천여 종, 기타 다양한 구근 식물이 생산되며, 태평양에서는 엄청난 크기의 해산물들이 올라옵니다. 페루를 비롯한 안데스 지역 국가들에서는 익히지 않은 흰 살 생선에 레몬즙, 적 양파, 마늘, 다진 고추, 옥수수 등을 곁들여 먹는 cebiche 세비체가 가장 유명합니다. 이는 보라색 옥수수로 빚은 맥주 chicha 치차나 Inka Kola 잉카콜라와 함께 먹습니다.

세비체

아르헨티나에서는 토착 카우보이인 gaucho 가우초의 전통 요리인 asado 아사도가 가장 유명합니다. 우리의 숯불 구이와 같은 요리로 소시지, 소의 갈비, 콩팥, 안심 등을 석쇠에 얹어 숯불에 구워 먹습니다. 남미 남부 지역에서는 mate 마떼 차를 물 마시듯 마시는데, 여러 사람이 빨대를 이용하여 한 컵을 돌려 마시기도 합니다.

마떼

아사도

Capítulo 18 Antes vivía en Barcelona.

동영상 강의

- 동사의 불완료 과거형

- 단순 과거 vs. 불완료 과거

- 숫자 101~1000

¿Dónde vivía antes?
예전에는 어디에서 사셨어요?

Vivía en Barcelona.
바르셀로나에서 살았단다.

● 동사의 불완료 과거형

	-ar: Cenar	-er: Comer	-ir: Vivir	Ser	Ir	Ver
yo	cen-**aba**	com-**ía**	viv-**ía**	era	iba	veía
tú	cen-**abas**	com-**ías**	viv-**ías**	eras	ibas	veías
él, ella, Ud.	cen-**aba**	com-**ía**	viv-**ía**	era	iba	veía
nosotros/as	cen-**ábamos**	com-**íamos**	viv-**íamos**	éramos	íbamos	veíamos
vosotros/as	cen-**abais**	com-**íais**	viv-**íais**	erais	ibais	veíais
ellos, ellas, Uds.	cen-**aban**	com-**ían**	viv-**ían**	eran	iban	veían

- 진행 중이었던 과거의 일이나 습관적인 일, 행동을 설명할 때 사용하는 시제입니다.

  Cuando era pequeña, leía mucho. 난 어렸을 때 독서를 많이 했었다.
  Cuando tenía 12 años, tocaba el piano. 난 12살 때 피아노를 쳤었다.

- 과거의 사람, 사물, 장소의 생김새나 성격, 특성을 묘사합니다.

  Mi abuela era muy guapa y tenía un perro. 우리 할머니는 아주 예쁘셨고 개를 한 마리 키우셨다.

- 과거의 행위나 일, 사건의 주변 상황이나 이유를 설명할 때 씁니다.

  Estaba en casa cuando comenzó la guerra. 그는 전쟁이 시작되었을 때 집에 있었다.
  Llamé a mi madre porque estaba enferma. 엄마가 편찮으셨기 때문에 나는 전화를 드렸다.

- 공손한 표현으로 사용되는 경우에는 시제의 역할을 하지 않습니다.

  ¿Podía hablar con la señora Molina? 몰리나 부인과 얘기할 수 있을까요?

- **함께 쓰는 시간 표현**: normalmente, frecuentemente, antes, siempre, de vez en cuando, a veces, de niño/a, de pequeño/a, algunas veces, nunca, etc.

¿Dónde estabas cuando te llamé ayer?
어제 너에게 전화했을 때 어디 있었니?

Estaba en la piscina.
수영장에 있었어.

● 단순 과거 vs. 불완료 과거

단순 과거	불완료 과거
함께 쓰는 시간 표현: ayer, el lunes pasado, la semana pasada, hace un mes, aquel verano, en 2019, etc.	함께 쓰는 시간 표현: normalmente, todos los días, los lunes, antes, de pequeño/a, etc.
・과거 한 순간 산발적으로 일어난 일이나 행위 표현 Ayer **comí** con Juan. 어제 나는 후안과 식사를 했다.	・과거 습관적으로 일어난 일이나 행위 표현 De niño, no **comía** arroz. 어렸을 때 나는 쌀을 먹지 않았다.
・과거 종결된 상황이나 행위 표현 El verano pasado **estuvo** en Chile. 작년 여름 그는 칠레에 있었다.	・과거 진행 중이었던 상황이나 행위 표현 **Estaba** en Chile cuando **tuvo** un accidente. 그는 사고가 났을 때 칠레에 있었다.
・보통 지나간 사건이나 행위 표현 Anoche **fuimos** a la playa. 어젯밤 우리는 해변에 갔다. ¿**Vio** al ladrón? 당신은 도둑을 보았나요?	・지나간 사건이나 행위의 배경, 상황, 원인 표현 **Hacía** mucho calor. 날씨가 너무 더웠다. Sí, **era** alto y rubio. 네, 키가 컸고 금발 머리였어요.

● 숫자 101 ~ 1000

101	ciento uno/a
121	ciento veintiuno/a
200	doscientos/as
201	doscientos/as uno/a
300	trescientos/as
400	cuatrocientos/as
500	quinientos/as
600	seiscientos/as
700	setecientos/as
800	ochocientos/as
900	novecientos/as
1000	mil

・**y**: 십의 자리와 일의 자리 숫자의 연결에만 씁니다.
ciento y diecisiete (✕), ciento diecisiete (○)

・**Ciento**: 명사와 천 이상의 숫자 앞에서 cien이 됩니다.
cien mujeres, cien mil (10만), ciento una mujeres
cientos hombres (✕) / cienta una mujeres (✕)

・**100**: un cien (✕) cien (○)
101: cien uno (✕) ciento uno (○)

・**Doscientos/as ~ Novecientos/as**: 명사의 성·수에
일치합니다.
doscientos hombres, trescientas mujeres

Diálogo 1

092

De pequeño yo no comía verduras.

Yo tampoco. Por eso mi madre siempre se quejaba de mí.

Minsu	¿Por qué no come Ud. la carne?
Profesora	Antes la comía, pero ahora soy vegetariana.
Minsu	De pequeño yo no comía verduras.
Profesora	Yo tampoco. Por eso mi madre siempre se quejaba de mí.
Minsu	Mi mamá también porque me gustaban solo las hamburguesas.
Profesora	A mí me gustaba mucho el chocolate. ¡Cómo he cambiado!

민수	왜 고기를 드시지 않아요?
선생님	전에는 먹었었어. 하지만 지금 나는 채식주의자야.
민수	어렸을 때 저는 채소를 안 먹었어요.
선생님	나도 안 먹었어. 그래서 우리 엄마는 항상 나에 대해 불평하셨었지.
민수	저희 엄마도 마찬가지셨어요. 제가 햄버거만 좋아했었거든요.
선생님	나는 초콜릿을 무척 좋아했단다. 정말 나도 어찌나 바뀌었는지 몰라!

새 단어 및 표현

carne *f.* 고기, 육류
vegetariano/a *m.f.* 채식주의자
verdura *f.* 채소
por eso 그래서, 그리하여
siempre 항상
quejarse de ~ ~에 대해 불평하다
solo 오직
hamburguesa *f.* 햄버거
chocolate *m.* 초콜릿
cambiar 바뀌다, 변화하다
¡Cómo he cambiado!
정말 나도 어찌나 바뀌었는지 몰라!

대화 TIP

• **Antes la comía, pero ~**: antes(예전에는)는 불완료 과거형과 함께 씁니다.

• **De pequeño/a (= Cuando era pequeño/a)**: 불완료 과거형과 함께 씁니다.

• **Quejarse de ~** (~에 대해 불평하다): 재귀 동사 형태로 사용하는 숙어입니다.

Ella conoció a un chico cuando trabajaba en Alemania.

María	¿Recuerdas a mi amiga Belén?
Antonio	Sí. Antes vivíais juntas, ¿no?
María	Sí. Ella conoció a un chico cuando trabajaba en Alemania y se casó con él.
Antonio	¿Cuándo?
María	Se casó el mes pasado.
Antonio	No lo sabía.
María	Asistieron unos trescientos invitados a su boda.

마리아	내 친구인 벨렌 기억해?
안또니오	응. 전에 너희들 함께 살았었지, 그렇지?
마리아	그래. 그 애가 독일에서 일할 때 한 남자를 알게 되었는데 그와 결혼했어.
안또니오	언제?
마리아	지난달에 결혼했어.
안또니오	몰랐어.
마리아	결혼식에 약 삼백 명의 하객이 참석했었어.

대화 TIP

- **Junto/a**: 형용사로서 주어인 vosotras에 성·수를 일치합니다.
- **Ella conoció a un chico cuando trabajaba en Alemania.**: 독일에서 일한 것은 과거에 진행 중이던 상황이고(불완료 과거), 한 남자를 만난 것은 한 순간에 발생한 일(단순 과거)입니다.
- **No lo sabía**: 알지 못했던 것은 단 한 순간이 아니라 지속되는 특성이 있으므로 불완료 과거로 씁니다.
- **Unos trescientos invitados**: unos/as + 숫자 → 대략적인 수
- **Cuándo**: 언제? / **Cuando**: ~할 때 (관계사)

새 단어 및 표현

recordar 기억하다
junto/a 함께 한, 이웃한
cuando ~할 때
casarse 결혼하다
mes *m.* 달, 월
pasado/a 지난
asistir 참석하다
invitado/a *m.f.* 손님, 하객
boda *f.* 결혼식
No lo sabía. 몰랐어.

● 도로와 길

❶	cruzar	건너다		

❶ cruzar — 건너다
❷ puente — *m.* 다리
❸ bloque de pisos — *m.* 건물 블럭
❹ acera — *f.* 인도
❺ calzada — *f.* 차도
❻ parada de autobús — *f.* 버스 정류장
❼ subir — 타다
❽ estación de metro — *f.* 지하철역
❾ bajar — 내리다
❿ pasar — 지나다

⓫ girar — 돌다
⓬ calle — *f.* 길
⓭ semáforo — *m.* 신호등
⓮ farola — *f.* 가로등
⓯ paso de peatones — *m.* 횡단보도
　 vía peatonal — *f.* 횡단보도
⓰ cruce — *m.* 사거리
⓱ esquina — *f.* 코너
⓲ seguir recto — 직진하다

전화 통화하기

¡Diga!

¡Dígame!

A 여보세요.

> **참고**
> 지역에 따라 ¡Aló!, ¡Bueno!, ¡Sí!
> 등이 쓰이기도 합니다.

¿Está Miguel, por favor?

Un momento, por favor.

A 미겔 있어요?

B 잠깐만요.

※ ~있어요?: ¿Puedo hablar con ~?
으로 질문할 수도 있습니다.

> **B의 기타 표현**
> ¿De parte de quién? 누구세요?
> Ahora se pone. 바꿔 드릴게요.
> Se ha equivocado. 잘못 거셨어요.
>
> ▶ momento *m.* 순간 | parte *f.* 부분, 측 |
> ponerse (al teléfono) 전화를 받다 |
> equivocarse 틀리다, 실수하다

> **참고**
> 누구세요?: ¿Con quién hablo?를
> 쓰기도 합니다.

Ahora no está.

Le llamo más tarde.

A 지금 없어요.

B 나중에 다시 전화할게요.

¿Quiere dejarle algún recado/mensaje?

A 그/그녀에게 전할 말이 있으세요?

▶ dejar 남기다, 두다 |
recado(mensaje) *m.* 메시지, 메모

연습 문제　　¡A practicar!

문법 **1** 숫자들을 스페인어로 풀어 써 보세요.

(1) En esta escuela hay 459 (   ) estudiantes.

(2) Tengo una colección de 301 (   ) mariposas.

(3) Esta lavadora cuesta 1000 (   ) euros.

★ colección *f.* 수집, 컬렉션 ｜ mariposa *f.* 나비

2 알맞은 형태의 동사를 선택하세요.

(1) Ayer ella no (fue / iba) a trabajar. (Estuve / Estaba) enferma.

(2) Cuando (fui / era) joven, (fui / iba) mucho al cine.

(3) Anoche (vi / veía) a Bora. (Llevó / Llevaba) una falda bonita.

(4) ¿Qué (hiciste / hacías) en la calle cuando te (vio / veía) Miguel?

★ falda *f.* 치마 ｜ calle *f.* 거리 ｜ joven 젊은

3 주어진 동사의 단순 과거나 불완료 과거 형태로 다음 대화를 완성하세요.

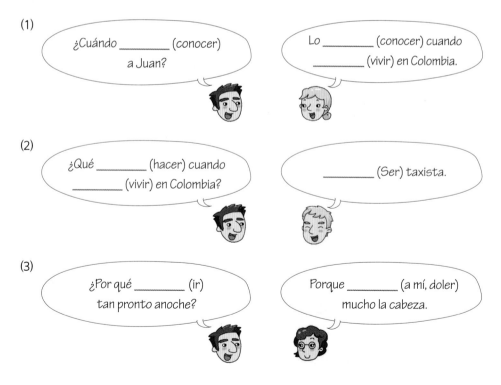

(1)
¿Cuándo _____ (conocer) a Juan?

Lo _____ (conocer) cuando _____ (vivir) en Colombia.

(2)
¿Qué _____ (hacer) cuando _____ (vivir) en Colombia?

_____ (Ser) taxista.

(3)
¿Por qué _____ (ir) tan pronto anoche?

Porque _____ (a mí, doler) mucho la cabeza.

● 녹음을 듣고 질문에 답하세요.
096

(1) ¿Qué hacía Bora cuando era niña?

① ver la televisión   ② estudiar

③ tocar el piano

(2) ¿Veía mucho Bora la televisión?

① Sí, la veía mucho.   ② No, no la veía nunca.

③ No, la veía poco.

(3) ¿En qué día veía Miguel la televisión?

① los viernes y los sábados   ② los sábados y los domingos

③ los sábados

★ tocar 연주하다

읽기

● 다음 대화에 대한 설명이 참(Verdadero)인지 거짓(Falso)인지 표시해 보세요.

Marta	Abuelo, no me gusta estudiar. Cuando eras joven, ¿estudiabas?
Abuelo	No, porque vivía en un pueblo muy pequeño. Para estudiar teníamos que ir a otro pueblo más grande. Pero tampoco teníamos coche.
Marta	La vida ha cambiado mucho, ¿verdad?
Abuelo	Sí, muchísimo. Los jóvenes ahora tenéis todo lo que queréis. Antes no teníamos casi nada. Pero éramos felices.

(1) El abuelo iba a la escuela de un pueblo más grande.   V F

(2) El abuelo no tenía coche.   V F

(3) La vida no ha cambiado mucho.   V F

(4) Antes no eran felices.   V F

★ pueblo *m.* 마을 | vida *f.* 삶, 생명 | cambiar 변하다, 바뀌다 | casi 거의

북미 최후의 제국 아스떼까(azteca)

북미 최후의 원주민 제국은 azteca 아스떼까 제국입니다. 부족 간의 패권 쟁탈에서 mexica 메시카 족이 주변을 평정한 후 신의 계시에 따라 멕시코 중부 고원의 계곡에 정착한 것이 1325년경의 일이고, 스페인 정복자들에 의해 1521년에 멸망하였으니 이 대제국의 역사는 매우 짧았던 셈이지요. 메시카족이 주축이 되어 현 멕시코시티에 해당하는 곳에 인공 섬인 Tenochtitlán 떼노츠띠뜰란을 건설하고 수도로 삼았는데, 스페인 군에 의해 철저하게 파괴되어 지금은 그 흔적만이 남아있습니다.

태양의 돌

멕시코 지역 선대 문명들과 뿌리를 같이 하는 아스떼까는 다신교 사회였습니다. 그중에서 삶과 죽음을 관장하고 농업을 전수한 지혜의 신인 Quetzalcóatl 께찰꼬아뜰을 가장 사랑하였습니다. '깃털 달린 뱀'을 뜻하는 이 신은 멕시코와 중미에 이르는 광대한 지역에서 숭배하였고, 마야 문명에서는 Kukulkán 꾸꿀칸으로 불립니다. 제례용 달력이었던 '태양의 돌'에 주요 신들을 표시해 놓을 정도로 종교와 삶이 밀접한 관계를 이룬 사회였으며, 일 년을 18개월로 나누어 각 월에 해당하는 신에게 제사를 드리고 인신 공양을 하였습니다. 특히 인신 공양은 태양신에게 인간의 심장을 바치지 않으면 태양이 움직임을 멈추고 세계에 종말이 도래하리라는 그들의 세계관 때문이었지요. 이때 전쟁 포로가 많이 희생되었으므로 적과 경쟁자를 견제하는 주요 수단으로 이용하기도 하였습니다.

옥수수 경작을 기본으로 하는 농업 중심의 경제 구조였으므로, 인공 섬 주변의 호수를 메워 chinampa 치남파라는 농지를 만들어 도시에 충분한 먹거리를 제공해 대제국을 이룰 수 있었습니다. 또한 코코아 열매를 화폐처럼 이용하며 상업적으로 번성하기도 했는데, 현 멕시코시티에 남아 있는 유적지의 규모로 미루어볼 때 어마어마한 크기의 피라미드 형태의 거대 건축물이 있었을 것이라고 추정하기도 한답니다.

멕시코시티 떼노치띠뜰란 유적

Había dejado la cartera en casa.

- 과거 완료: Haber 동사의 불완료 과거형 + 과거 분사
- 전치사 A, De, En, Con, Sin, Desde
- 전치사와 함께 쓰는 동사들

> **¿Ayer hablaste con Miguel?**
> 어제 미겔과 이야기했니?

> **Cuando llamé a Miguel, ya se había salido de casa.**
> 미겔에게 전화했을 때, 그는 이미 집에서 나갔었어.

● 과거 완료: Haber 동사의 불완료 과거형 + 과거 분사

	Haber 동사의 불완료 과거형		과거 분사
yo	había		
tú	habías		
él, ella, Ud.	había	+	cenado
nosotros/as	habíamos		comido
vosotros/as	habíais		vivido
ellos, ellas, Uds.	habían		

· 과거의 일이나 상황보다 훨씬 더 과거의 일을 표현합니다.

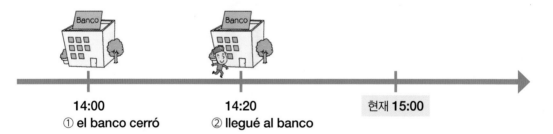

14:00	14:20	현재 15:00
① el banco cerró	② llegué al banco	

Cuando llegué al banco ②, ya había cerrado ①. 내가 은행에 도착했을 때 이미 닫혀 있었다.

Habías comido ya cuando te llamé. 내가 전화했을 때 너는 이미 식사를 했었다.

· 과거 일의 원인이나 이유를 나타냅니다.

Decidí ir a Madrid porque ya había visitado Barcelona.
나는 이미 바르셀로나를 갔었기 때문에 마드리드로 가기로 결심했다.

Te dolió el estómago porque habías comido demasiado.
네가 너무 많이 먹었기 때문에 배가 아팠던 거야.

Vengo a verte.
너를 보러 왔어.

Me alegro de verte.
너를 봐서 기뻐.

● 전치사 A, De, En, Con, Sin, Desde

참고

de~ a ~ (~부터 ~까지):
Sirven la comida de trece a quince.
13시부터 15시까지 식사를 제공한다.

Trabajaba de lunes a jueves.
월요일에서 목요일까지 일했다.

a	목적지 시간 간접 목적어 직접 목적어	Voy **a** la clase de español. 나는 스페인어 수업에 간다. Empieza **a** las 9. 9시에 시작한다. ¿Le has comprado los zapatos **a** Luis? 루이스에게 신발 사 줬니? He visto **a** Luis en el bar. 나는 바에서 루이스를 보았다.
de	소유 재료, 원산지 방식 시간 구분	¿**De** quién es este coche? 이 차는 누구 겁니까? Quiero una blusa **de** seda. 나는 실크 블라우스를 원합니다. ¿Vas **de** compras? 너 쇼핑 가니? Me levanto a las 8 **de** la mañana. 나는 오전 8시에 일어난다.
en	장소, 위치 교통수단 계절, 월	Lo vi **en** el bolso. 나는 그것을 핸드백에서 보았다. Mi papá vuelve **en** autobús. 아빠는 버스로 돌아오신다. **En** verano llueve mucho. 여름에는 비가 많이 온다.
con	동반 도구, 방식	Vivo **con** mis padres. 나는 부모님과 함께 산다. Escribe **con** lápiz. 그는 연필로 글을 쓴다.
sin	~없는	No voy a casa **sin** ti. 나는 너 없이는 집에 가지 않아.
desde	출발 시점 출발 지점	Vivimos aquí **desde** 2021. 우리는 2021년부터 이곳에 산다. Lo llamé **desde** el balcón. 나는 발코니에서 그를 불렀다.

참고

deber + inf. : 반드시 ~해야 한다
Debemos respetar la naturaleza. 우리는 자연을 존중해야만 한다.

● 전치사와 함께 쓰는 동사들

aprender + a + inf. ~을/를 배우다	Luis **aprende a** conducir. 루이스는 운전을 배운다.	venir + **a** + inf. ~하러 오다	**Vengo a** hablar contigo. 나는 너와 이야기하러 왔어.
empezar + a + inf. ~을/를 시작하다	**Empecé a** cantar. 나는 노래하기 시작했다.	dejar + **de** + inf. ~을/를 그만두다	**Dejó de** hablar conmigo. 그는 나와 말하는 것을 그만두었다.
ayudar + a + inf. ~하도록 돕다	Te **ayudo a** nadar. 나는 너를 수영하도록 돕는다.	acabar + **de** + inf. 막 ~하다	**Acabo de** volver a casa. 나는 막 집에 돌아왔다.
volver + a + inf. 다시 ~하다	**Volvió a** llorar. 그는 다시 울었다.	deber + **de** + inf. ~임에 틀림없다	Él **debe de** ser Luis. 그는 루이스임에 틀림없다.
llegar + a + inf. 결국 ~하다	**Llegó a** enfadarse. 그는 결국 화를 냈다.	alegrarse + **de** + inf. ~에 대해 기뻐하다	**Se alegra de** verme. 그는 나를 보고 기뻐한다.

(inf. = 동사 원형)

¿Por qué llegaste tarde ayer a la fiesta de cumpleaños de Juan?

Tenía que volver a casa porque me había dejado la cartera.

Miguel	¿Por qué llegaste tarde ayer a la fiesta de cumpleaños de Juan?
María	Tenía que volver a casa porque me había dejado la cartera.
Miguel	Pero podías venir sin dinero.
María	Sí, pero me había dejado el teléfono también en casa.
Miguel	Te habías olvidado de todo.
María	También me había olvidado de llevar el regalo para Juan. No sé dónde tengo la cabeza.

미겔	왜 어제 후안의 생일 파티에 늦게 왔니?
마리아	지갑을 깜빡했기 때문에 집에 돌아가야만 했어.
미겔	하지만 돈 없이 올 수도 있었잖아.
마리아	그래, 하지만 집에 전화기도 놔 뒀어.
미겔	모든 것을 잊어버렸었구나.
마리아	후안을 위한 선물을 가져가는 것에 대해서도 잊어버렸지 뭐야. 정신이 어디에 가 있는지 모르겠어.

대화 TIP

- Tenía que volver a casa porque había dejado la cartera.
  과거 일에 대한 설명 → 불완료 과거   집에 돌아간 것보다 더 앞선 과거의 일 → 과거 완료

- Podías venir sin dinero: 올 수 있었지만 오지 않았다, 즉 실현되지 않은 과거의 일이므로 불완료 과거를 씁니다.

- Olvidarse de ~: ~에 대해 잊어버리다

새 단어 및 표현

llegar 도착하다
tarde 늦게 / f. 오후
fiesta f. 파티
cumpleaños m. 생일
dejarse 깜빡하다, 잊어버리다
cartera f. 지갑
sin ~없이, ~없는
olvidarse de ~
~에 대해 잊어버리다
cabeza f. 머리, 정신, 판단력

¿Sabes griego?

Dejé de estudiarlo hace dos años.

Bora	Acabo de ver a María. Iba andando a casa desde la estación.
Antonio	Ha empezado a hacer ejercicio diariamente.
Bora	Ah, sí. Por cierto, vengo a preguntarte una cosa.
Antonio	¿Sobre qué?
Bora	¿Sabes griego?
Antonio	Sí, un poco, pero dejé de estudiarlo hace dos años.

보라	방금 마리아를 봤어. 역에서부터 집으로 걸어가던데.
안또니오	매일 운동을 하기 시작했어.
보라	아, 그래. 그건 그렇고 나 너에게 한 가지 물어보러 왔어.
안또니오	무엇에 대해서?
보라	그리스어 알아?
안또니오	응, 조금. 하지만 2년 전에 그리스어 공부를 그만두었어.

대화 TIP

• **Acabar de + 동사 원형 (막 ~하다)**: 현재 시제로 쓰지만 과거와 같은 의미를 갖습니다.

• **Ir + 현재 분사 (andando)**: '~하며 가다'를 뜻하는데, 즉 현재 분사가 나타내는 행위와 가는 행위가 동시에 일어나고 있음을 나타냅니다.

• **¿Sobre qué?**: 여기서 sobre는 '~에 대하여'를 뜻하며 '~에 대해 질문하다'도 'preguntar sobre ~'로 표현합니다.

• **Empezar a + 동사 원형**: ~하기 시작하다
  (empiezo, empiezas, empieza, empezamos, empezáis, empiezan)

• **Venir a + 동사 원형**: ~하러 오다

• **Dejar a + 동사 원형**: ~을/를 그만두다

새 단어 및 표현

acabar 끝내다, 마치다
desde ~부터
estación *f.* 역
empezar 시작하다
ejercicio *m.* 연습, 운동
diariamente 매일
por cierto 그건 그렇고
griego/a *m.* 그리스어 / *m.f.* 그리스인
¿Sobre qué? 무엇에 대해서?

● 도시의 건물들

❶	aeropuerto	*m.* 공항	**⓬**	gasolinera	*f.* 주유소
❷	plaza	*f.* 광장	**⓭**	restaurante	*m.* 식당
❸	iglesia	*f.* 성당, 교회	**⓮**	cafetería	*f.* 카페
❹	librería	*f.* 서점		café	*m.* 카페
❺	tienda	*f.* 상점	**⓯**	cine (영화)	*m.* 영화관
❻	farmacia	*f.* 약국		teatro (연극)	*m.* 극장
❼	hospital	*m.* 병원	**⓰**	supermercado	*m.* 슈퍼마켓
❽	banco	*m.* 은행	**⓱**	aparcamiento	*m.* 주차장
❾	piso	*m.* 아파트	**⓲**	centro comercial	*m.* 쇼핑몰
❿	casa	*f.* 집	**⓳**	parque	*m.* 공원
⓫	colegio	*m.* 학교	**⓴**	oficina de correos	*f.* 우체국
	escuela	*f.* 학교			

유용한 표현 | Expresiones Útiles 100

타인에게 관심 표현하기

¿Cómo te sientes/ se siente hoy?

Muy bien.

A 오늘 기분 어때요?
B 좋아요.

B의 기타 표현
No tan bien. 썩 좋지는 않아요.

¿Cómo andas/ anda?

Como siempre.

A 요즘 어떻게 지내요?
B 그렇죠 뭐. / 그럭저럭 지내요.

A의 기타 표현
¿Cómo te/le va? 요즘 어떻게 지내요?

B의 기타 표현
Voy tirando. 그렇죠 뭐. / 그럭저럭 지내요.

¿Te/Le duele algo?

Me duele un poco la garganta.

A 어디 아파요?
B 목이 좀 아파요.

A의 기타 표현
¿Qué te/le duele? 어디 아파요?

¿Qué te/le pasa?

No me pasa nada.

A 무슨 일 있어요?
B 아무 일 없어요.

B의 기타 표현
¿Te/Le pasa algo? 무슨 일 있어요?

¡Cuánto tiempo!

Sí, es verdad.

A 오랜만입니다!
B 정말 그렇네요.

문법 **1** 그림을 보고 보기 처럼 나머지 표현을 과거 완료 시제로 써 보세요.

> Modelo Cuando Bora llegó a casa de Antonio, *ya había limpiado la casa.*

(1)

Cuando Bora llegó a casa de Miguel, todavía no

_____.

(2)

Cuando Bora llegó a casa de Minsu, ya

_____.

(3)

Cuando Bora llegó a casa de María, ya

_____.

2 다음 문장들을 보기 처럼 주어진 '동사 + 전치사' 구문으로 바꿔 표현해 보세요.

| volver a
empezar a
acabar de
dejar de + 동사 원형 | Modelo Nacho tiene que hablar con sus amigos.
En este momento enciende el teléfono.
→ Nacho *empieza a llamar* a sus amigos. |

(1) He hecho mi último examen hace una hora.

→ _____

(2) Miguel tiene dolor de estómago y ya no podrá beber cerveza nunca más.

→ _____

(3) Bora dice otra vez su nombre.

→ _____

★ encender 켜다, 작동시키다 ┃ examen *m.* 시험 ┃ momento *m.* 순간 ┃ último/a 마지막의 ┃ cerveza *f.* 맥주

3 빈칸에 a, en, con, desde를 알맞게 넣어 보세요.

101

(1) Tengo mucho trabajo. Estoy ocupado _____ el martes.

(2) Perdone. No puedo salir _____ este momento.

(3) ¿A qué hora has llamado _____ María?

(4) ¿Te gustan las patatas _____ carne?

★ patata *f.* 감자 | carne *f.* 고기

듣기 ● 녹음을 듣고 질문에 답하세요.

(1) ¿Cuándo dejó de conducir Bora?

① el año pasado   ② este verano

③ en el año 2011

(2) ¿Por qué dejó de conducir Bora?

① Porque no le gustaba.   ② Porque le daba miedo.

③ Porque estaba ocupada.

(3) ¿Cuál de estos es correcto?

① Bora ya no vuelve a conducir.

② Bora acaba de empezar a conducir.

③ Antonio ayuda a Bora a conducir.

★ correcto/a 올바른, 정확한

읽기 ● B의 대답을 순서에 맞게 정렬해 보세요.

A ¿Por qué viniste tarde ayer a la excursión?

B (   ) → (   ) → (   ) → (   )

① Pero una señora me ayudó a tomar autobús.

② Por eso, pude llegar a la excursión.

③ El próximo tren salía una hora después.

④ Cuando llegué a la estación, el tren ya había salido.

★ tomar 타다, 잡다 | llegar 도착하다 | después 다음에 | tren *m.* 기차

밀림의 도시 국가 문명 마야(maya)

밀림 속의 도시 국가 문명 maya 마야는 멕시코 남부 유카탄 반도 등의 지역과 오늘날의 중앙아메리카 벨리즈, 과테말라, 온두라스, 엘살바도르 지역까지 번성했습니다. 기원전 2천년경 멕시코의 Tabasco 따바스꼬 지역에 정착한 원주민이 조상으로 추정되며, 기원후 300년경 구마야로 구분되는 문명이 본격적으로 등장하기 시작했지요. 이들이 원인 미상으로 급작스럽게 사라진 9~10세기 이후, 신마야로 구분되는 이들이 장소를 이동해 다시 등장하여 스페인들에 의해 완전히 멸망한 16세기 전까지 번성하였습니다. 이들은 멕시코 중앙 고원에서 번창하던 타 문명의 영향을 받아 재규어와 뱀을 숭상하는 등의 공통점을 보입니다.

구마야 문명의 최대 도시 중 하나인 과테말라의 Tikal 띠깔에는 신전과 구기 경기장, 드넓은 광장이 아직까지 남아 있습니다. 이 외에, 온두라스의 Copán 꼬빤과 멕시코의 Palenque 빨렝께, Bonampak 보남팍 등에도 계단식 피라미드와 다채색 벽화들이 그대로 보존되어 있어 마야인들의 뛰어난 예술 수준을 짐작하게 합니다. 10세기 이후 신마야 문명의 대표 유적지는 멕시코의 Chichén Itzá 치첸잇싸로 이곳을 중심으로 한 유카탄 반도에 10여 개의 작은 도시 국가가 흩어져 번성한 것으로 추정됩니다.

마야인들은 상형 문자와 유사한 문자와 20진법에 기초한 숫자를 사용하였습니다. 또한 행성 관측을 통해 달력을 만들었지요. 이러한 마야의 문자 체계는 마야인들이 천문학과 수학에 고급 지식이 있었음을 방증하고 있습니다.

마야는 비교적 적은 인구로 구성된 도시 국가였습니다. 식생활의 경우, 멕시코 중앙 고원 문명처럼 옥수수 농경에 기초하였는데, 옥수수는 화전으로 밀림을 일구어 경작하였고, 물의 공급이 어려웠기 때문에 비의 신을 숭상하였습니다. 또한 멕시코 중앙 고원 문명들이 공통적으로 숭상하였던 께찰꼬아뜰은 Kukulkán 꾸꿀깐이라는 다른 이름으로 불리며 마야인들의 섬김을 받았습니다.

Capítulo

20

Come un poco más.

● 긍정 명령형

● 부정 명령형

> **Come esto. Lo he hecho yo.**
> 이것 먹어 봐. 내가 만들었어.

> **Gracias. Cómelo tú también.**
> 고마워. 너도 먹어.

● 긍정 명령형

규칙형

	-ar: Cenar	-er: Comer	-ir: Vivir	Ver
(tú)	cen-a	com-e	viv-e	ve
(Ud.)	cen-e	com-a	viv-a	vea
(vosotros/as)	cen-ad	com-ed	viv-id	ved
(Uds.)	cen-en	com-an	viv-an	vean

- tú 명령형: 현재 시제의 3인칭 단수형 (Ahora, habla tú. 이젠 네가 얘기해.)
  Ud. 명령형: 최종 모음 교체 -a → -e / -e → -a (Coma esto. 이것을 드세요.)
  vosotros/as 명령형: 동사 원형의 -r → -d 교체 (Estudiad. 공부해.)
  nosotros/as 명령형: 주로 'vamos a + 동사 원형'으로 표현됩니다. p.87 참조

> **참고**
> 명령형 뒤에 주어를 첨가하거나 생략할 수 있습니다.
> Canta tú.(= Canta.) 노래해.

불규칙형

Ser	Hacer	Ir	Salir	Dar	Tener	Decir	Venir	Poner
sé	haz	ve	sal	da	ten	di	ven	pon
sea	haga	vaya	salga	dé	tenga	diga	venga	ponga
sed	haced	id	salid	dad	tened	decid	venid	poned
sean	hagan	vayan	salgan	den	tengan	digan	vengan	pongan

Haz la cama. 침대를 정돈해. / Tenga paciencia. 인내심을 가지세요.
Decid la verdad. 너희들 진실을 말해라. / Salgan de aquí. 여기서 나가세요.

> **주의**
> 중남미에서는 vosotros/as를 사용하지 않습니다. 따라서 복수의 상대방에게 모두 Uds.에 해당하는 명령형을 사용합니다.

재귀 대명사나 목적 대명사는 항상 긍정 명령형 뒤에 한 단어처럼 붙여 쓰며, 이때 동사의 강세 위치를 유지하기 위해 강세 부호가 붙기도 합니다.

Dame el libro. 내게 그 책을 줘. / Levántate. 일어나.
Dime tu nombre. 내게 네 이름을 말해 줘. → Dímelo. 내게 그것을 말해 줘.

No te la pongas.
그거 입지 말아.

Póntela.
그거 입어라.

● 부정 명령형

규칙형

	-ar: Cenar	-er: Comer	-ir: Vivir	Ver
(tú)	no cen-es	no com-as	no viv-as	no veas
(Ud.)	no cen-e	no com-a	no viv-a	no vea
(vosotros/as)	no cen-éis	no com-áis	no viv-áis	no veáis
(Uds.)	no cen-en	no com-an	no viv-an	no vean

명령형 앞에 no를 쓰며, 긍정 명령형과 달리 일관성 있는 어미를 갖습니다.

No comas tantos caramelos. 그렇게 많은 캐러멜을 먹지 말아라.

No vean Uds. esa película tan mala. 그렇게 나쁜 영화를 보지 마세요.

불규칙형

기타 불규칙 명령형 p.231 참조

Ser	Hacer	Ir	Salir	Dar
no **seas**	no **hagas**	no **vayas**	no **salgas**	no **des**
no **sea**	no **haga**	no **vaya**	no **salga**	no **dé**
no **seáis**	no **hagáis**	no **vayáis**	no **salgáis**	no **deis**
no **sean**	no **hagan**	no **vayan**	no **salgan**	no **den**

Traer	Decir	Tener	Venir	Poner
no **traigas**	no **digas**	no **tengas**	no **vengas**	no **pongas**
no **traiga**	no **diga**	no **tenga**	no **venga**	no **ponga**
no **traigáis**	no **digáis**	no **tengáis**	no **vengáis**	no **ponáis**
no **traigan**	no **digan**	no **tengan**	no **vengan**	no **pongan**

부정 명령형에서 목적 대명사나 재귀 대명사는 평서문과 같이 no와 동사 사이에 위치합니다.

No lo comas. 그것을 먹지 마. / No me lo diga. 나에게 그것을 말하지 마세요.

Nacho	Pásame la sal, por favor.
María	Toma.
Nacho	Come un poco más de pescado.
María	No puedo más. Estoy llena.
Nacho	Pues, dame el plato. Te traigo la tarta.
María	Trae una cucharita también, por favor.

나초	나한테 소금 좀 줘.
마리아	받아.
나초	생선을 조금 더 먹어.
마리아	더 이상은 안 돼. 배가 불러.
나초	그럼 접시를 내게 줘. 케이크를 가져올게.
마리아	티스푼도 하나 가져다줘.

대화 TIP

- **Pásame la sal**: pasar 동사는 '발생하다, 지나가다' 외에 '전달하다'의 뜻도 갖습니다. 긍정 명령형의 경우, 간접 목적 대명사인 me가 동사 뒤에 첨가되며 동사의 강세 위치 유지가 불가능하므로 그 위치에 강세 부호를 첨가합니다.
- **Toma/e**: 물건을 건네줄 때 tú, usted에 따라 선택하여 사용합니다.
- **Estar lleno/a**: 사람이 주어인 경우 '배가 부르다'를 의미합니다.
- **Por favor(부탁입니다)**: 명령형과 함께 쓰여 표현을 부드럽게 만듭니다.

새 단어 및 표현

pasar 건네주다
sal *f.* 소금
pescado *m.* 생선
lleno/a 꽉 찬
plato *m.* 요리, 접시
traer 가지고 오다
cucharita *f.* 티스푼

No te olvides del vino.

No te preocupes.

Bora	¿Pongo la mesa?
Juan	No, no lo hagas ahora. Luego vamos a hacerlo juntos.
Bora	Llama a Miguel.
Juan	Llámalo tú. Voy a traer los regalos.
Bora	Bueno. Ah, no te olvides del vino.
Juan	No te preocupes. Y tú, no le digas nada.

보라	내가 상을 차릴까?
후안	아니, 지금 하지 마. 이따가 함께 하자.
보라	미겔을 불러.
후안	네가 불러. 나는 선물을 가지고 올게.
보라	알았어. 아, 포도주 잊지 마.
후안	걱정하지 마. 그리고 너, 그에게는 아무 말도 하지 마.

대화 TIP

- **No lo hagas**: 부정 명령형은 no가 동사 앞에 놓이고 그 다음에 재귀나 목적 대명사가 위치합니다.

- **Llámalo tú**: 긍정 명령형과 목적 대명사가 함께 쓰이면 목적 대명사를 명령형 뒤에 첨가합니다.

- **Olvidarse de ~, Preocuparse de ~**: 모두 재귀 동사의 형태로 'de + 동사 원형/명사/대명사'와 함께 사용됩니다.

새 단어 및 표현

mesa *f.* 탁자
regalo *m.* 선물
vino *m.* 포도주
preocuparse de ~
~에 대해 걱정하다

● 교통수단

coche

m. 자동차

autobús

m. 버스

metro

m. 지하철

taxi

m. 택시

avión

m. 비행기

tren

m. 기차

barco

m. 배

bicicleta (= bici)

f. 자전거

motocicleta (= moto)

f. 오토바이

ambulancia

f. 구급차

camión

m. 트럭

furgoneta

f. 봉고차

a caballo

말을 타고

a pie

걸어서

방향 지시하기

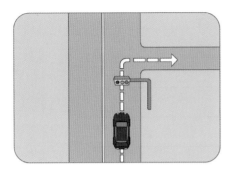

Por favor, gire a la derecha
en el semáforo.

신호등에서 오른쪽으로 돌아가 주세요.

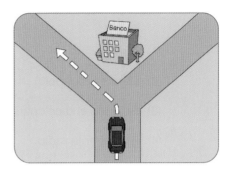

Por favor, vaya a la izquierda
en el banco.

은행에서 왼쪽으로 가 주세요.

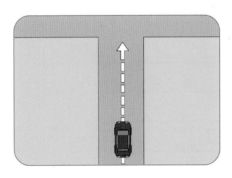

Por favor, siga recto hasta el final
de la calle.

거리 끝까지 직진해 주세요.

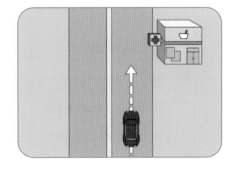

Por favor, pare delante
de la farmacia.

약국 앞에서 세워 주세요.

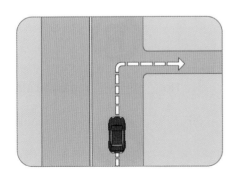

Por favor, gire a la derecha
en la esquina.

코너에서 오른쪽으로 돌아가 주세요.

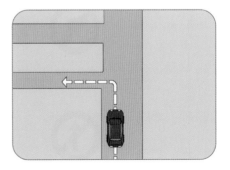

Por favor, tome la primera
a la izquierda.

첫 번째 골목에서 왼쪽으로 가 주세요.

1 동사 원형을 보기처럼 tú에 대한 명령형으로 바꿔 보세요.

Modelo	Estudia español	→	Estúdialo.

(1) Abrir el libro → _____

(2) Darme un papel → _____

(3) Dejarme el diccionario → _____

(4) Escuchar la radio → _____

★ diccionario *m.* 사전 | papel *m.* 종이 | escuchar 듣다

2 동사 원형을 보기처럼 Ud.에 대한 명령형으로 바꿔 보세요.

Modelo	Levantarse	→	Levántese.

(1) Ducharse → _____

(2) Lavarse el pelo → _____

(3) Traerme un plato → _____

(4) Abrirme la puerta → _____

★ puerta *f.* 문

3 다음 표지판을 Ud.에 대한 명령형으로 설명해 보세요.

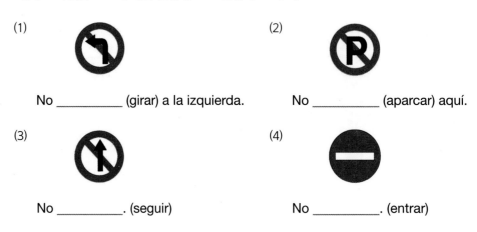

(1)

No _____ (girar) a la izquierda.

(2)

No _____ (aparcar) aquí.

(3)

No _____. (seguir)

(4)

No _____. (entrar)

★ girar 돌다 | aparcar 주차하다 | seguir 계속하다 | entrar 들어가다

듣기 ● 녹음을 듣고 질문에 답하세요.

(1) 미겔이 후안에게 부탁한 것을 순서대로 배열해 보세요.

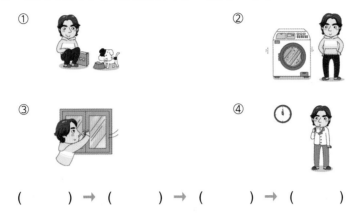

① ② ③ ④

(   ) → (   ) → (   ) → (   )

(3) 왜 미겔은 후안에게 잠자리에 들지 말라고 했나요?

    ① 이야기하려고   ② 선물을 주려고   ③ 저녁을 만들어 주려고

★ ventana *f.* 창문 | cerrar 닫다

읽기 ● 다음 표현과 상황을 알맞게 연결하세요.

(1) ¡Abróchense los cinturones! ●   ● ①

(2) ¡Siéntese aquí, por favor! ●   ● ②

(3) ¡No tengas miedo! ●   ● ③

(4) ¡Pónganse el casco! ●   ● ④

★ abrocharse 매다, 차다 | cinturón *m.* 벨트 | sentarse 앉다 | miedo *m.* 두려움 | casco *m.* 헬멧

남미 최대 제국 잉카(inca)

inca 잉카는 남미 최대의 제국이었습니다. 1438년부터 전성기를 누렸던 잉카는 1533년 스페인에 의해 멸망하여 비교적 짧은 역사를 가지게 되었습니다. '태양의 아들'을 뜻하는 잉카는 원래 지배 계급을 가리켰으나, 제국의 확장과 더불어 점차 이들 부족 전체를 뜻하는 말로 의미가 확장되었습니다.

태양의 아들과 딸은 '표범의 배꼽'을 뜻하는 고원 도시 Cuzco 꾸스꼬에 도읍을 정하고 도시를 건설하였습니다. 13세기 초 께추아어(quechua)를 쓰는 사람들이 이곳을 중심으로 안데스 일대를 장악한 후 콜롬비아 남부, 에콰도르, 칠레 북부, 아르헨티나 북부를 아우르는 대제국을 세웠습니다.

잉카가 단시간에 거대한 영토를 지배할 수 있었던 것은 도로를 잘 정비함으로써 광대한 영토를 수도를 중심으로 효율적으로 연결했기 때문입니다. 이 길을 chasqui 차스키라는 일종의 전령이 릴레이식으로 달려 각 곳으로 중앙 정부의 지시 사항을 전달했습니다. 문자가 없었던 잉카인들은 quipu 끼뿌라는 매듭 뭉치, 즉 결승 문자를 이용하였습니다. 메시지를 전달하거나 기록을 남기기 위해 다채색의 끈과 실의 매듭으로 문자나 셈의 기능을 대신했던 것이지요.

한편, 높은 산 위에 사는 이들에게 경작지와 농업 용수 확보는 큰 문제였습니다. 안데스 고지에 과학적으로 계단식 경작지를 만들고 물을 끌어들여 주민이 충분히 먹고 살 만한 곡식을 길러 낼 수 있었는데, 특히 이곳이 원산지인 감자와 옥수수, 유카 등을 심었습니다. 또한 석조술이 발달하여 대 건축물들을 건립하였는데, 강력한 지진에도 무너지지 않는 이 건축술의 비밀은 아직도 미스터리입니다. 특히 1911년에 발견된 Machu Picchu 마추피추는 이민족을 막는 요새였는지, 왕의 별장이었는지는 밝혀지지 않았지만 잉카의 뛰어난 예술성을 증명하는 대표적인 유적으로 간주됩니다.

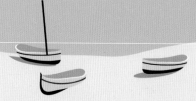

Argentina

인구: 47,327,407 (2022')
수도: 부에노스아이레스
화폐: 페소
언어: 스페인어와 원주민어
주요 수출품: 곡류, 육류

Chile

인구: 18,430,408 (2022')
수도: 산티아고 데 칠레
화폐: 페소
언어: 스페인어
주요 수출품: 금속류, 농수산물

Bolivia

인구: 11,633,371 (2020')
수도: 수크레
화폐: 볼리비아노
언어: 스페인어와 원주민어
주요 수출품: 천연가스

Ecuador

인구: 18,058,218 (2022')
수도: 키토
화폐: 달러
언어: 스페인어와 원주민어
주요 수출품: 석유

Colombia

인구: 51,609,474 (2022')
수도: 보고타
화폐: 페소
언어: 스페인어와 원주민어
주요 수출품: 커피

España

인구: 47,450,795 (2020')
수도: 마드리드
화폐: 유로
언어: 스페인어, 까딸루냐어,
      바스꼬어, 갈리시아어
주요 수출품: 자동차 관련

Costa Rica

인구: 5,213,362 (2022')
수도: 산호세
화폐: 콜론
언어: 스페인어
주요 수출품: 커피

Guatemala

인구: 18,607,184 (2022')
수도: 과테말라시티
화폐: 께찰
언어: 스페인어
주요 수출품: 커피

Cuba

인구: 11,181,595 (2020')
수도: 라아바나
화폐: 페소
언어: 스페인어
주요 수출품: 사탕수수

Honduras

인구: 10,295,000 (2022')
수도: 테구시갈파
화폐: 렘피라
언어: 스페인어
주요 수출품: 바나나

México

인구: 126,014,024 (2020')
수도: 멕시코시티
화폐: 페소
언어: 스페인어와 원주민어
주요 수출품: 석유

Puerto Rico

인구: 3,285,874 (2020')
수도: 산후안
화폐: 달러
언어: 스페인어, 영어
주요 수출품: 화학 제품

Nicaragua

인구: 6,595,674 (2020')
수도: 마나과
화폐: 코르도바
언어: 스페인어
주요 수출품: 커피

República Dominicana

인구: 10,621,938 (2022')
수도: 산토도밍고
화폐: 페소
언어: 스페인어
주요 수출품: 설탕

Panamá

인구: 4,279,000 (2020')
수도: 파나마시티
화폐: 발보아
언어: 스페인어
주요 수출품: 바나나

El Salvador

인구: 6,325,827 (2021')
수도: 산살바도르
화폐: 달러, 콜론
언어: 스페인어
주요 수출품: 커피

Paraguay

인구: 7,353,672 (2021')
수도: 아순시온
화폐: 과라니
언어: 스페인어, 과라니어
주요 수출품: 면화

Uruguay

인구: 3,554,915 (2022')
수도: 몬테비데오
화폐: 페소
언어: 스페인어
주요 수출품: 원단

Perú

인구: 31,237,385 (2017')
수도: 리마
화폐: 솔
언어: 스페인어와 원주민어
주요 수출품: 구리, 수산물

Venezuela

인구: 28,866,000 (2022')
수도: 카라카스
화폐: 볼리바르
언어: 스페인어와 원주민어
주요 수출품: 석유

동사 변화

1. 규칙 동사

동사 원형 현재 분사 과거 분사	현재	단순 과거	불완료 과거	미래	명령형
cenar cenando cenado 저녁 먹다	ceno cenas cena cenamos cenáis cenan	cené cenaste cenó cenamos cenasteis cenaron	cenaba cenabas cenaba cenábamos cenabais cenaban	cenaré cenarás cenará cenaremos cenaréis cenarán	cena (tú) cene (Ud.) cenemos (nosotros) cenad (vosotros) cenen (Uds.)
comer comiendo comido 먹다 점심 먹다	como comes come comemos coméis comen	comí comiste comió comimos comisteis comieron	comía comías comía comíamos comíais comían	comeré comerás comerá comeremos comeréis comerán	come (tú) coma (Ud.) comamos (nosotros) comed (vosotros) coman (Uds.)
vivir viviendo vivido 살다	vivo vives vive vivimos vivís viven	viví viviste vivió vivimos vivisteis vivieron	vivía vivías vivía vivíamos vivíais vivían	viviré vivirás vivirá viviremos viviréis vivirán	vive (tú) viva (Ud.) vivamos (nosotros) vivid (vosotros) vivan (Uds.)

2. 불규칙 동사

동사 원형 현재 분사 과거 분사	현재	단순 과거	불완료 과거	미래	명령형
andar andando andado 걷다	ando andas anda andamos andáis andan	anduve anduviste anduvo anduvimos anduvisteis anduvieron	andaba andabas andaba andábamos andabais andaban	andaré andarás andará andaremos andaréis andarán	anda (tú) ande (Ud.) andemos (nosotros) andad (vosotros) anden (Uds.)
caer cayendo caído 떨어지다 떨어뜨리다	caigo caes cae caemos caéis caen	caí caíste cayó caímos caísteis cayeron	caía caías caía caíamos caíais caían	caeré caerás caerá caeremos caeréis caerán	cae (tú) caiga (Ud.) caigamos (nosotros) caed (vosotros) caigan (Uds.)
dar dando dado 주다	doy das da damos dais dan	di diste dio dimos disteis dieron	daba dabas daba dábamos dabais daban	daré darás dará daremos daréis darán	da (tú) dé (Ud.) demos (nosotros) dad (vosotros) den (Uds.)

동사 원형 현재 분사 과거 분사	현재	단순 과거	불완료 과거	미래	명령형
decir diciendo dicho 말하다	digo dices dice decimos decís dicen	dije dijisteis dijo dijimos dijisteis dijeron	decía decías decía decíamos decíais decían	diré dirás dirá diremos diréis dirán	di (tú) diga (Ud.) digamos (nosotros) decid (vosotros) digan (Ud.)
estar estando estado ~이 있다 ~이다	estoy estás está estamos estáis están	estuve estuviste estuvo estuvimos estuvisteis estuvieron	estaba estabas estaba estábamos estabais estaban	estaré estarás estará estaremos estaréis estarán	está (tú) esté (Ud.) estemos (nosotros) estad (vosotros) estén (Uds.)
haber habiendo habido	he has ha hemos habéis han	hube hubiste hubo hubimos hubisteis hubieron	había habías había habíamos habíais habían	habré habrás habrá habremos habréis habrán	없음.
hacer haciendo hecho 하다, 만들다	hago haces hace hacemos hacéis hacen	hice hiciste hizo hicimos hicisteis hicieron	hacía hacías hacía hacíamos hacíais hacían	haré harás hará haremos haréis harán	haz (tú) haga (Ud.) hagamos (nosotros) haced (vosotros) hagan (Uds.)
ir yendo ido 가다	voy vas va vamos vais van	fui fuiste fue fuimos fuisteis fueron	iba ibas iba íbamos ibais iban	iré irás irá iremos iréis irán	ve (tú) vaya (Ud.) vayamos (nosotros) id (vosotros) vayan (Uds.)
oír oyendo oído 듣다	oigo oyes oye oímos oís oyen	oí oíste oyó oímos oísteis oyeron	oía oías oía oíamos oíais oían	oiré oirás oirá oiremos oiréis oirán	oye (tú) oiga (Ud.) oigamos (nosotros) oíd (vosotros) oigan (Uds.)
poder pudiendo podido ~할 수 있다	puedo puedes puede podemos podéis pueden	pude pudiste pudo pudimos pudisteis pudieron	podía podías podía podíamos podíais podían	podré podrás podrá podremos podréis podrán	없음.
poner poniendo puesto 놓다, 두다	pongo pones pone ponemos ponéis ponen	puse pusiste puso pusimos pusisteis pusieron	ponía ponías ponía poníamos poníais ponían	pondré pondrás pondrá pondremos pondréis pondrán	pon (tú) ponga (Ud.) pongamos (nosotros) poned (vosotros) pongan (Uds.)

동사 원형 현재 분사 과거 분사	현재	단순 과거	불완료 과거	미래	명령형
querer queriendo querido 원하다 사랑하다	quiero quieres quiere queremos queréis quieren	quise quisiste quiso quisimos quisisteis quisieron	quería querías quería queríamos queríais querían	querré querrás querrá querremos querréis querrán	quiere (tú) quiera (Ud.) queramos (nosotros) quered (vosotros) quieran (Uds.)
saber sabiendo sabido 알다	sé sabes sabe sabemos sabéis saben	supe supiste supo supimos supisteis supieron	sabía sabías sabía sabíamos sabíais sabían	sabré sabrás sabrá sabremos sabréis sabrán	sabe (tú) sepa (Ud.) sepamos (nosotros) sabed (vosotros) sepan (Uds.)
salir saliendo salido 나가다 출발하다	salgo sales sale salimos salís salen	salí saliste salió salimos salisteis salieron	salía salías salía salíamos salíais salían	saldré saldrás saldrá saldremos saldréis saldrán	sal (tú) salga (Ud.) salgamos (nosotros) salid (vosotros) salgan (Uds.)
ser siendo sido ~이다	soy eres es somos sois son	fui fuiste fue fuimos fuisteis fueron	era eras era éramos erais eran	seré serás será seremos seréis serán	sé (tú) sea (Ud.) seamos (nosotros) sed (vosotros) sean (Uds.)
tener teniendo tenido 가지다	tengo tienes tiene tenemos tenéis tienen	tuve tuviste tuvo tuvimos tuvisteis tuvieron	tenía tenías tenía teníamos teníais tenían	tendré tendrás tendrá tendremos tendréis tendrán	ten (tú) tenga (Ud.) tengamos (nosotros) tened (vosotros) tengan (Uds.)
traer trayendo traído 가져오다	traigo traes trae traemos traéis traen	traje trajiste trajo trajimos trajisteis trajeron	traía traías traía traíamos traíais traían	traeré traerás traerá traeremos traeréis traerán	trae (tú) traiga (Ud.) traigamos (nosotros) traed (vosotros) traigan (Uds.)
venir viniendo venido 오다	vengo vienes viene venimos venís vienen	vine viniste vino vinimos vinisteis vinieron	venía venías venía veníamos veníais venían	vendré vendrás vendrá vendremos vendréis vendrán	ven (tú) venga (Ud.) vengamos (nosotros) venid (vosotros) vengan (Uds.)
ver viendo visto 보다	veo ves ve vemos veis ven	vi viste vio vimos visteis vieron	veía veías veía veíamos veíais veían	veré verás verá veremos veréis verán	ve (tú) vea (Ud.) veamos (nosotros) ved (vosotros) vean (Uds.)

3. 어근이 변하는 기타 불규칙 동사들

동사 원형 현재 분사 과거 분사	현재	단순 과거	불완료 과거	미래	명령형
pensar **(e → ie)** pensando pensado 생각하다	pienso piensas piensa pensamos pensáis piensan	pensé pensaste pensó pensamos pensasteis pensaron	pensaba pensabas pensaba pensábamos pensabais pensaban	pensaré pensarás pensará pensaremos pensaréis pensarán	 piensa (tú) piense (Ud.) pensemos (nosotros) pensad (vosotros) piensen (Uds.)
volver **(o → ue)** volviendo vuelto 돌아가다	vuelvo vuelves vuelve volvemos volvéis vuelven	volví volviste volvió volvimos volvisteis volvieron	volvía volvías volvía volvíamos volvíais volvían	volveré volverás volverá volveremos volveréis volverán	 vuelve (tú) vuelva (Ud.) volvamos (nosotros) volved (vosotros) vuelvan (Uds.)
dormir **(o → ue)** durmiendo dormido 잠자다	duermo duermes duerme dormimos dormís duermen	dormí dormiste durmió dormimos dormisteis durmieron	dormía dormías dormía dormíamos dormíais dormían	dormiré dormirás dormirá dormiremos dormiréis dormirán	 duerme (tú) duerma (Ud.) durmamos (nosotros) dormid (vosotros) duerman (Uds.)
sentir **(e → ie)** sintiendo sentido 느끼다	siento sientes siente sentimos sentís sienten	sentí sentiste sintió sentimos sentisteis sintieron	sentía sentías sentía sentíamos sentíais sentían	sentiré sentirás sentirá sentiremos sentiréis sentirán	 siente (tú) sienta (Ud.) sintamos (nosotros) sentid (vosotros) sientan (Uds.)
pedir **(e → i)** pidiendo pedido 부탁하다	pido pides pide pedimos pedís piden	pedí pediste pidió pedimos pedisteis pidieron	pedía pedías pedía pedíamos pedíais pedían	pediré pedirás pedirá pediremos pediréis pedirán	 pide (tú) pida (Ud.) pidamos (nosotros) pedid (vosotros) pidan (Uds.)
seguir **(e → i)** siguiendo seguido 쫓다 계속하다	sigo sigues sigue seguimos seguís siguen	seguí seguiste siguió seguimos seguisteis siguieron	seguía seguías seguía seguíamos seguíais seguían	seguiré seguirás seguirá seguiremos seguiréis seguirán	 sigue (tú) siga (Ud.) sigamos (nosotros) seguid (vosotros) sigan (Uds.)
construir **(i → y)** construyendo construido 건축하다	construyo construyes construye construimos construís construyen	construí construiste construyó construimos construisteis construyeron	construía construías construía construíamos construíais construían	construiré construirás construirá construiremos construiréis construirán	 construye (tú) construya (Ud.) construyamos (nosotros) construid (vosotros) construyan (Uds.)
producir **(c → zc)** produciendo producido 생산하다	produzco produces produce producimos producís producen	produje produjiste produjo produjimos produjisteis produjeron	producía producías producía producíamos producíais producían	produciré producirás producirá produciremos produciréis producirán	 pruduce (tú) produzca (Ud.) produzcamos (nosotros) producid (vosotros) produzcan (Uds.)

- **pensar (e ➡ ie)**와 유사하게 변화하는 동사들: sentar(앉다), comenzar(시작하다), empezar(시작하다), cerrar(닫다), entender (이해하다), perder(잃어버리다), preferir(선호하다) 등
- **dormir (o ➡ ue)**와 유사하게 변화하는 동사들: almorzar(점심 먹다), encontrar(찾다, 만나다), jugar(놀다), recordar(기억하다) 등
- **pedir (e ➡ i)**와 유사하게 변화하는 동사들: elegir(선택하다), repetir(반복하다), servir(서비스하다, 쓰이다), vestir(옷 입다), reír(웃다) 등
- **construir (i ➡ y)**와 유사하게 변화하는 동사들: concluir(끝내다, 마치다), huir(도망가다) 등
- **producir (c ➡ zc)**와 유사하게 변화하는 동사들: conducir(운전하다), conocer(알다) 등

4. 복합 시제

현재 진행형 (**estar** + 현재 분사)			현재 완료 (**haber** 현재 + 과거 분사)			과거 완료 (**haber** 불완료 과거 + 과거 분사)		
estoy estás está estamos estáis están	+	cen**ando** com**iendo** viv**iendo**	he has ha hemos habéis han	+	cen**ado** com**ido** viv**ido**	había habías había habíamos habíais habían	+	cen**ado** com**ido** viv**ido**

➡ 예비과

1 남성형과 여성형이 다른 형태의 명사들

caballo / yegua	말(수말) / 암말	toro / vaca	수소 / 암소
marido / mujer(esposa)	남편 / 부인	macho / hembra	수컷 / 암컷
padrastro / madrastra	계부 / 계모	yerno / nuera	사위 / 며느리
padrino / madrina	대부 / 대모	carnero / oveja	숫양 / 암양

2 인사말과 기원문

➡ 1과

헤어질 때 인사말	그때 봐요. 나중에 봐요.	Hasta entonces. Nos vemos luego.

➡ 2과

어떻게 지내요?		¿Cómo anda(s)? ¿Cómo va(s)? ¿Qué pasa?

➡ 3과

반갑습니다.		El gusto es mío.
A 고맙습니다.		A Gracias.
B 천만에요.		B No hay de qué.

➡ 4과

하는 일이 잘 되기를 바랍니다.	¡Qué te/le vaya bien!
즐거운 하루 되세요.	¡Qué tenga(s) un buen día!

➡ 18과

3 숫자 1000 ~ 100.000.000

1000	**mil**
1001	**mil uno/a**
4001	**cuatro mil uno/a**
30.675	**treinta mil seiscientos setenta y cinco**
100.000	**cien mil**
400.000	**cuatrocientos mil**
1.000.000	**un millón**
2.000.000	**dos millones**
100.000.000	**cien millones**

- **mil**은 복수형이 없습니다.
  dos **mil**, diez **mil** (○)
  tres miles (○)

- **millón** (복수 **millones**) + de + 명사
  un **millón de** dólares (백만 달러)
  cien **millones de** euros (1억 유로)

  주의
  1000: mil (○) / un mil (×)

➡ 18과

4 기타 전치사 정리

por	원인 시간 장소 방법	Lo he hecho **por** amor. 나는 사랑 때문에 그것을 했다. Llega el lunes **por** la mañana. 그는 월요일 오전에 도착한다. Este tren pasa **por** Cuenca. 이 기차는 꾸엥까를 지난다. Llamo a Luis **por** teléfono. 나는 루이스에게 전화한다.
para	목적 방향 기한	He venido **para** ayudarte. 나는 너를 도우러 왔다. ¿Este tren va **para** Madrid? 이 기차는 마드리드 방향으로 가요? Necesito el libro **para** el lunes. 나는 월요일까지 그 책이 필요해.
entre	~사이에	Luis está **entre** nosotros. 루이스는 우리들 사이에 있다.
hasta	~까지	Estaré en casa **hasta** las nueve. 나는 9시까지 집에 있을 것이다. Vivió en Cuba **hasta** 1937. 그는 쿠바에서 1937년까지 살았다.
hacia	~향하여	El avión va **hacia** el sur. 비행기는 남쪽을 향해 간다.
durante	~동안	Estudié **durante** 4 horas. 나는 4시간 동안 공부했다.
sobre	~경에 ~에 대해	Me acuesto **sobre** las 12. 나는 12시경 잠자리에 든다. Escribo un libro **sobre** el dinero. 나는 돈에 대한 책을 쓴다.

> **참고**
> desde ~ hasta ~ (~부터 ~까지): 행위나 상황의 시작과 끝 시점을 나타낸다.
> 예 Tengo clases desde las 9 hasta las 4. 나는 9시부터 4시까지 수업이 있다.

➡ 19과

5 '전치사 + 동사 원형'과 함께 쓰이는 동사들

acabar (terminar) por + inf. 결국 ~하다	**Acabamos por** pedir dinero a sus padres. 우리는 결국 그의 부모님께 돈을 부탁했다.
echar(se) a + inf. ~하기 시작하다	Bora **se echó a** correr. 보라는 뛰기 시작했다.
haber de + inf. ~해야만 한다	**Hemos de** respetar la naturaleza. 우리는 자연을 존중해야만 한다.
ponerse a + inf. ~하기 시작하다	**Me puse a** limpiar la casa. 나는 집을 청소하기 시작했다.
romper a + inf. 갑자기 ~하기 시작하다	Bora **rompió a** llorar. 보라는 울음을 터뜨렸다.

➡ 5과, 11과 등

6 각종 부사

위치	수량
aquí, ahí, allí 여기, 거기, 저기 cerca, lejos 가까이, 멀리 delante, detrás 앞에, 뒤에 encima, debajo 위에, 아래에 enfrente 정면에	más, menos 더, 덜 todo, algo, nada 모든, 조금, 하나도 ~않다 poco, bastante, mucho 조금, 꽤, 많이 demasiado 너무 casi, solo 거의, 단지

긍정	부정	의심
sí 네 también 역시 sin duda 틀림없이	no 아니요 tampoco ~도 아니다 nunca 결코 ~않다	posiblemente, probablemente, quizá(s) 아마도

시간	방법
ayer, hoy, mañana 어제, 오늘, 내일 anteayer, pasado mañana 그저께, 모레 antes, ahora, después 전에, 지금, 다음에 pronto, temprano, tarde 곧, 일찍, 늦게 siempre, nunca 언제나, 한 번도 ~않다	bien, regular, mal 잘, 보통으로, 나쁘게 despacio, deprisa 천천히, 빨리 -mente ~하게

혼동되는 문법 사항

➡ 15과, 17과

1 현재 분사와 과거 분사 불규칙형

현재 분사 불규칙형			과거 분사 불규칙형		
decir	➡	diciendo	hacer	➡	hecho
dormir	➡	durmiendo	poner	➡	puesto
ir	➡	yendo	escribir	➡	escrito
leer	➡	leyendo	abrir	➡	abierto
morir	➡	muriendo	decir	➡	dicho
pedir	➡	pidiendo	volver	➡	vuelto
sentir	➡	sintiendo	ver	➡	visto
venir	➡	viniendo	descubrir	➡	descubierto
poder	➡	pudiendo			

2 동음이의어

de: ~의 (전치사) **dé**: dar 동사의 명령형 (3인칭 단수형)	**tu**: 너의 (소유 형용사) **tú**: 너 (주격 인칭 대명사)
el: 남성 정관사 **él**: 그 (주격 인칭 대명사)	**que**: 관계사 **qué**: 무엇을 (의문사)
mi: 나의 (소유 형용사) **mí**: 전치격 인칭 대명사 (a mí, de mí)	**como**: 방법이나 양상을 가리키는 관계사 **cómo**: 어떻게 (의문사)
se: 재귀 대명사 3인칭 **sé**: saber 동사 1인칭 단수형	**donde**: 장소를 가리키는 관계사 **dónde**: 어디에 (의문사)
si: 만일 **sí**: 네	**quien**: 사람을 가리키는 관계사 **quién**: 누가 (의문사)
te: 너에게, 너를 (직·간접 목적 대명사) **té**: 차 (음료)	**cuando**: 때를 가리키는 관계사 **cuándo**: 언제 (의문사)

3 그릇된 표현, 올바른 표현

×	○
Este **es no** mi libro.	Este **no es** mi libro. 이것은 내 책이 아니다.
Carmen es **una secretaria**.	Carmen es **secretaria**. 까르멘은 비서이다.
Es bien.	**Está** bien. 좋다., 괜찮다.

✕	○
Ceno con Bora **en este lunes**.	Ceno con Bora **este lunes**. 나는 이번 월요일에 보라와 저녁을 먹는다.
Por la tarde **paseo en** el parque.	Por la tarde **paseo por** el parque. 나는 오후에 공원을 산책한다.
Bora **es** 24 años.	Bora **tiene** 24 años. 보라는 24살이다.
Creo no. **Creo sí.**	**Creo que no.** 아니라고 생각한다. **Creo que sí.** 그렇다고 생각한다.
Después dos horas.	**Después de** dos horas. 2시간 이후에.
Tengo cumpleaños.	**Es** mi cumpleaños. 내 생일이다.
Gracias para todo.	**Gracias por** todo. 모든 것에 대해 감사합니다.
Me lavo **mis manos**.	Me lavo **las manos**. 나는 손을 씻는다.
Es ocho.	**Son** las ocho. 8시다.
Sé Penélope Cruz.	**Conozco a** Penélope Cruz. 나는 페넬로페 크루스를 안다.
Ayer **hablaba** con Bora **dos horas**.	Ayer **hablé** con Bora **dos horas**. 나는 어제 보라와 2시간 동안 이야기했다.
Quiero a mis padres **muy mucho**.	Quiero a mis padres **muchísimo**. 나는 우리 부모님을 무척 많이 사랑한다.
Tengo **tan mucho dinero** como tú.	Tengo **tanto dinero** como tú. 나는 너만큼 많은 돈을 가지고 있어.
Un primo mío vive en Chile y **un otro** en Brasil.	Un primo mío vive en Chile y **otro** en Brasil. 내 사촌 한 명은 칠레에 살고 다른 사촌은 브라질에 살아요.
Ayer compró **un medio** kilo de naranjas.	Ayer compró **medio** kilo de naranjas. 어제 그는 오렌지 0.5kg을 샀어요.
No me gusta una casa **como así**.	No me gusta una casa **así**. 나는 그런 집은 싫어요.
La ciudad tiene **dos millones habitantes**.	La ciudad tiene **dos millones de habitantes**. 그 도시는 2백만의 주민을 가지고 있어요.
En 2020 visitamos este país **por la primera vez**.	En 2020 visitamos este país **por primera vez**. 2020년에 우리는 이 나라를 처음 방문했어요.

예비과

1. (1) 호비알 (2) 헹히브레
   (3) 마르쏘 (4) 로스 앙헬레스
   (5) 가이나 (6) ㄹ-렐로흐
   (7) 헤네랄 (8) 예가다
   (9) 에리다 (10) 세비야
   (11) 사께 (12) 씨가ㄹ-로

2. (1) dormir (2) queso
   (3) ajo (4) luz
   (5) cuchillo (5) joya
   (7) cabeza (6) zumo
   (9) ciudad (10) chiquito
   (11) garaje (12) cebolla

3. (1) soledad (2) marisquería
   (3) aquellos (4) barril
   (5) transporte (6) transformar
   (7) compañero (8) Teide
   (9) Ceuta (10) jueves
   (11) matiz (12) puerta

4. (1) taxis (2) ciudades
   (3) mujeres (4) ingleses
   (5) estudiantes (6) portugueses
   (7) explosiones (8) días

5. (1) 여성 (2) 여성
   (3) 남성 (4) 여성
   (5) 여성 (6) 남성
   (7) 남성 (8) 여성

6. (1) chica (2) leona
   (3) paciente (4) cocinera
   (5) taxista (6) escritora
   (7) señora (8) doctora

1과

문법

1. (1) ellas (2) usted
   (3) vosotros (4) nosotros
   (5) ustedes (6) ellos

2. (1) son (2) somos
   (3) son (4) sois

3. (1)–③ (2)–② (3)–①

듣기

- (1) Xue Li es de China (es china).
  (2) Kate es de Estados Unidos (es estadounidense).
  (3) Tomoko y Yuichi son de Japón (son japoneses).
  (4) Miguel y Carmen son de España (son españoles).

읽기

- (1)–① (2)–② (3)–③

2과

문법

1. (1) están limpios (2) está triste
   (3) está sucia

2. (1) bonitas (2) fría (3) rápido

3. (1)–④–ⓒ (2)–①–ⓑ
   (3)–①–ⓓ (4)–②–ⓐ

듣기

- (1)–② (2)–①

읽기

- (1) estás / Estoy bien
  (2) está usted / Estoy bien

3과

문법

1. (1) ¿Cómo se llama usted?
   (2) ¿Cómo te llamas?
   (3) ¿Cómo se llama usted?
   (4) ¿Cómo os llamáis?

2. (1) una chica coreana
   (2) una doctora inglesa
   (3) un pianista español
   (4) una estudiante de español

3. (1) unas / las
   (2) una / la

(3) un / una / el / la
(4) un / el
(5) unos / los
(6) una / la

4 (1) Los (2) El (3) Las (4) el

듣기

● (1)—③ (2)—①

읽기

● (1) El padre (2) El hermano
(3) La hija (4) La abuela

4과

문법

1 (1) nuestra (2) su (3) mis (4) sus

2 (1) aquella habitación / aquellas habitaciones
(2) aquel (aquella) turista / aquellos (aquellas) turistas
(3) ese autobús / esos autobuses
(4) este coche / estos coches

3 (1) Son unas flores. Son bonitas.
(2) Son unos libros. Son interesantes.

4 (1) Quién es (2) Qué es
(3) De quién es (4) Cómo es

듣기

● (1)—③ (2)—④

읽기

● (1) mis (2) Mi (3) mi
(4) mi (5) Sus (6) mis

5과

문법

1 (1) uno, tres (2) siete, nueve
(3) cuatro, seis (4) ocho, diez

2 (1) en / sobre / encima de
(2) al lado / a la izquierda
(3) entre, y

3 (1) lejos de (2) fuera de (3) debajo de

듣기

● (1)—② (2)—①

읽기

● ②

6과

문법

1 (1)—③ (2)—① (3)—②

2 (1) comes / come Ud. (2) pasa
(3) lleva

3 (1) Cómo (2) Dónde (3) Quién (4) Qué

듣기

● (1)—① (2)—③ (3)—②

읽기

● (1)—① (2)—③ (3)—②

7과

문법

1 (1) Vienes (2) va
(3) Vengo

2 (1) voy a lavar (2) va a hablar
(3) va a ir

3 (1) en (2) de (3) a (4) De

4 (1) segundo (2) quinto
(3) tercer

듣기

● (1)—③   (2)—①   (3)—②

읽기

● (1)—③   (2)—①

8과

문법

1 (1) Tenéis   (2) doy   (3) Tengo

2 (1) tiene frío.   (2) tiene prisa.
  (3) tiene suerte.   (4) tiene dolor de cabeza.

3 (1) Sí, la preparo. / No, no la preparo.
  (2) Sí, lo leo. / No, no lo leo.
  (3) Sí, los lavo. / No, no los lavo.

4 (1) Le   (2) Te   (3) Les

듣기

● (1)—③   (2)—①

읽기

● (1)—③   (2)—①   (3)—②

9과

문법

1 (1) hacen   (2) queremos
  (3) Usted hace

2 (1) mí   (2) ustedes
  (3) ti   (4) migo (conmigo)

3 (1) Sí, me las explican. / No, no me las explican.
  (2) Sí, se los mando. / No, no se los mando.
  (3) Sí, se la doy. / No, no se la doy.

듣기

● (1)—④   (2)—②

읽기

● (1)—①   (2)—②

10과

문법

1 (1) sales   (2) vuelvo   (3) veo

2 (1) Llueve / Hace mal tiempo.
  (2) Hace (mucho) calor. / Hace sol.
  (3) Nieva (mucho). / Hace frío.

3 (1)—①, ③
  (2)—②, ④: 상황에 따라 여러 표현이 가능합니다.

4 (1) Está nublado.   (2) Hace mucho sol.
  (3) Llueve.   (4) Hace viento.

듣기

● (1)—①   (2)—②

읽기

● (1)—④   (2)—②   (3)—③   (4)—①

11과

문법

1 (1) veintidós   (2) treinta y ocho
  (3) veintisiete   (4) sesenta y cinco

2 (1) Son las once (en punto).
  (2) Son las cinco y quince/cuarto (de la tarde).
  (3) Es la una y treinta/media.
  (4) Son las diez menos cinco (de la noche). /
    Son las nueve y cincuenta y cinco.

3 (1) viernes, domingo   (2) lunes, miércoles

4 (1) enero, marzo   (2) junio, agosto

5 (1) Es invierno.   (2) Es primavera.
  (3) Es verano.

듣기

- (1)—②   (2)—②   (3)—③

읽기

- ①, ④, ⑤, ⑥

12과

문법

1 (1)—①, ②   (2)—③

2 (1) Hay alguien   (2) No hay nadie
   (3) Hay algo

3 (1) le encantan   (2) le gusta
   (3) le gustan

듣기

- (1)—③   (2)—①

읽기

- (1) Le gusta la primavera.
- (2) Ve los partidos de béisbol en la televisión.
- (3) Prefiere el béisbol.

13과

문법

1 (1) os queda, nos queda
   (2) te quedan
   (3) Me duele

2 (1) Algunas flores (= Algunas)
   (2) Algún vaso (= Alguno)
   (3) Ningún coche (= Ninguno)

3 (1) Cuánto vale el vestido
     Vale noventa euros
   (2) Cuánto valen los calcetines
     Valen tres euros

듣기

- (1)—① (2)—③ (3)—②

읽기

- (1) V   (2) V   (3) V
- (4) F   (5) F

14과

문법

1 (1) se   (2) se   (3) ✕   (4) ✕

2 (1) despierta   (2) Me levanto
   (3) Me lavo   (4) baña

3 (1) son suyos   (2) son suyas
   (3) es nuestro

듣기

- (1)—④, ①, ②, ③   (2)—②   (3)—③

읽기

- ④, ⑥, ②, ①, ⑤, ③

15과

문법

1 (1) Estás durmiendo mucho.
   (2) Está lavándose el pelo.
   (3) Están leyendo el periódico.

2 (1) ① Las manzanas son más caras que las
       patatas.
     ② Las patatas son más baratas que las
       manzanas. (Las patatas son menos caras
       que las manzanas.)
   (2) ① Pedro es más gordo que Luis.
     ② Luis es más delgado que Pedro. (Luis es
       menos gordo que Pedro.)

(3) ① Celia es mayor que Susana. (Celia es más
        vieja que Susana.)
    ② Susana es menor que Celia. (Susana es más
        joven que Celia.)

3 (1) Estoy escribiendo
   (2) Está lloviendo
   (3) estás haciendo
   (4) Estoy duchándome

듣기

- (1)–②   (2)–③   (3)–②

읽기

- (1) ✕ México es más **grande** que Uruguay.
  (2) ✕ Ecuador es más **pequeño** que Colombia.
  (3) ○
  (4) ✕ **Panamá** es el más pequeño de estos países.
  (5) ✕ Argentina **es mucho más grande que** Chile.

16과

문법

1 (1)–② Sé nadar.
   (2)–① Conoces a Ana.
       ③ Conoces el restaurante chino.

2 (1) En el futuro la vida será muy diferente.
   (2) En el futuro los robots harán todos los trabajos.
   (3) En el futuro la gente podrá viajar a la Luna.

3 (1) Si hace buen tiempo
   (2) Si encontramos piso
   (3) Si estoy enfermo/a

듣기

- (1)–② (2)–① (3)–③

읽기

- (1)–①, ②, ④, ⑤   (2)–⑤   (3)–③

17과

문법

1 (1) Se ha levantado a las 9:30.
   (2) Ha escrito una carta.
   (3) Ha cenado con sus amigas.
   (4) Se ha acostado a las 12.

2

J	N	O	V	C	E	D	I	J	E
H	A	C	L	U	Q	F	U	O	Z
V	E	N	M	P	T	S	F	P	M
A	S	E	D	Q	I	O	C	U	R
R	T	O	S	U	P	E	S	D	T
Z	U	X	N	I	V	Y	I	E	A
E	V	U	T	S	A	E	S	U	P
X	E	C	R	E	C	I	H	C	M

3 (1) he ido   (2) Estuvimos
   (3) Has probado   (4) Has visto
   (5) han venido

듣기

- (1)–④, ②, ①, ③   (2)–②

읽기

- (1)–② (2)–①

18과

문법

1 (1) cuatrocientos cincuenta y nueve
   (2) trescientas una
   (3) mil

2 (1) fue, Estaba   (2) era, iba
   (3) vi, Llevaba   (4) hacías, vio

3 (1) conociste / conocí, vivía
   (2) hacías, vivías / Era
   (3) fuiste / me dolía

듣기

● (1)—③   (2)—③   (3)—②

읽기

● (1) F   (2) V   (3) F   (4) F

듣기

● (1)—③, ①, ②, ④   (2)—①

읽기

● (1)—④   (2)—③   (3)—①   (4)—②

19과

문법

1 (1) se había despertado
  (2) se había levantado
  (3) se había duchado

2 (1) Acabo de hacer mi último examen.
  (2) Miguel deja de beber cerveza.
  (3) Bora vuelve a decir su nombre.

3 (1) desde   (2) en   (3) a   (4) con

듣기

● (1)—①   (2)—③   (3)—③

읽기

● ④, ③, ①, ②

20과

문법

1 (1) Ábrelo.   (2) Dámelo.
  (3) Déjamelo.   (4) Escúchala.

3 (1) Dúchese.
  (2) Láveselo (Lávese el pelo).
  (3) Tráigamelo (Tráigame un plato).
  (4) Ábramela (Ábrame la puerta).

4 (1) gire   (2) aparque
  (3) siga   (4) entre

1과

듣기

> 〈Modelo〉 A Bora, ¿de dónde eres?
> B Soy de Corea.

(1) A Xue Li, ¿de dónde eres?
B Soy de China.
(2) A Kate, ¿de dónde eres?
B Soy de Estados Unidos.
(3) A Tomoko, Yuichi, ¿de dónde sois?
B Somos de Japón.
(4) A Miguel, Carmen, ¿de dónde sois?
B Somos de España.

> 〈보기〉 A 보라, 너는 어디 출신이니?
> B 나는 한국 출신이야.

(1) A 쉐리, 너는 어디 출신이니?
B 나는 중국 출신이야.
(2) A 케이트, 너는 어디 출신이니?
B 나는 미국 출신이야.
(3) A 도모코, 유이치, 너희들은 어디 출신이니?
B 우리들은 일본 출신이야.
(4) A 미겔, 까르멘, 너희들은 어디 출신이니?
B 우리들은 스페인 출신이야.

읽기

보라 안녕, 미겔. 만나서 반가워.
미겔 만나서 반가워. 너는 어디 출신이니?
보라 나는 한국인이야. 너는 이탈리아인이니?
미겔 아니, 나는 스페인 사람이야.

2과

듣기

Mi amiga Julia es muy inteligente y guapa. Pero está enferma estos días.

내 친구 훌리아는 매우 똑똑하고 예쁩니다. 하지만 요즘 아픕니다.

읽기

(1) 보라 안녕, 미겔. 어떻게 지내니?
미겔 나는 잘 지내, 고마워. 너는?
보라 아주 잘 지내.
(2) 선생님 A 안녕하세요, 선생님. 어떻게 지내시나요?
선생님 B 잘 지냅니다, 고마워요, 당신은요?
선생님 A 아주 잘 지냅니다, 감사합니다.

3과

듣기

Hola, me llamo Ana. Mi padre se llama Javier y mi madre, Marisa. Mi hermano se llama Alfonso y mi hermana, Alicia.

안녕하세요, 제 이름은 아나입니다. 제 아버지의 성함은 하비에르이고 제 어머니는 마리사입니다. 제 오빠의 이름은 알폰소이고 여동생은 알리씨아입니다.

읽기

마르따의 할아버지는 펠리뻬이다.
마르따의 오빠는 루이스이다.
루이스의 딸은 까르멘이다.
하비에르의 할머니는 마리아이다.

4과

듣기

A Este reloj es muy bonito.
B ¿De quién es?
A De mi amiga Susana.

A 이 시계는 매우 예쁩니다.
B 누구의 것입니까?
A 내 친구 수사나의 것입니다.

읽기

나는 까르멘 산또스입니다. 나의 부모님은 빠블로와 마리아입니다. 나의 개 또또 또한 내 가족의 일원입니다.
미겔은 나의 사촌입니다. 그의 부모님인 카를로스와 마르는 나의 삼촌 부부입니다.

5과

듣기

(1) 414 91 82 (cuatro uno cuatro nueve uno ocho dos)

(2) A ¿Dónde está el libro?
    B Está debajo de la mesa.

(1) A 414 91 82

(2) A 그 책은 어디에 있습니까?
    B 탁자 밑에 있습니다.

읽기

미겔의 집 근처에는 많은 건물들이 있습니다. 그의 집 옆에는 서점이 있습니다. 그의 집 정면에는 병원이 있습니다. 그의 집 왼쪽에는 레스토랑이 있습니다. 그러면, 그의 집은 어디 있습니까?

6과

듣기

Carlos vive en Lima con su hermano. Estudia economía en la universidad. Su hermano Pablo trabaja en una cafetería.

까를로스는 그의 형과 함께 리마에 삽니다. 대학교에서 경제학을 공부합니다. 그의 형 빠블로는 카페에서 일합니다.

읽기

모니까는 멕시코인입니다. 한 학교에서 일합니다. 선생님입니다. 명랑하고 상냥하지만 최근에는 그녀의 아들이 아프기 때문에 걱정하고 있습니다.

7과

듣기

Bora	Hola, Carlos. ¿Adónde vas?
Carlos	Voy al banco. Y tú, ¿adónde vas?
Bora	Voy a casa. Vengo de la escuela.

보라 안녕, 까를로스. 어디 가?
까를로스 은행에 가. 너는, 어디 가?
보라 집에 가. 학교에서 오는 길이야.

읽기

안녕, 까를로스. 나는 나초야. 나는 내일 미겔의 파티에 갈 거야. 케이크를 살 예정이야. 너는 왜 오지 않니? 보라도 올 텐데. 매우 재미있을 거야.

8과

듣기

Soy Carmen. Tengo dos hermanos, Pedro y Alicia. Por sus cumpleaños le regalo un perfume a Pedro y unos zapatos a Alicia. Pedro y Alicia me regalan una guitarra por mi cumpleaños.

나는 까르멘입니다. 나는 두 명의 형제, 뻬드로와 알리씨아가 있습니다. 그들의 생일에는 뻬드로에게는 향수를 그리고 알리씨아에게는 구두를 선물합니다. 뻬드로와 알리씨아는 나의 생일에 기타를 선물합니다.

9과

듣기

María	Carlos, ¿tienes abuelos?
Carlos	Sí. Los visito los fines de semana. María, ¿qué haces tú los fines de semana?
María	Leo libros en casa. Pero este fin de semana quiero ir a Barcelona.

마리아 까를로스, 조부모님이 계시니?
까를로스 응. 나는 주말에 그분들을 방문해. 마리아, 너는 주말에 뭐 하니?
마리아 나는 집에서 책을 읽어. 하지만 이번 주말에는 바르셀로나에 가고 싶어.

주말마다 보라는 집을 청소하고 옷을 세탁합니다. 가끔 그녀의 친구들과 함께 영화관에 갑니다. 하지만 오늘은 그녀의 생일이고 저녁을 함께 먹기 위해 친구들을 그녀의 집으로 초대하고 싶어 합니다. 친구들은 그녀에게 책, 꽃 또는 옷을 선물할 것입니다.

10과

듣기

Lara	Hace un año que estudio español. Pero no lo hablo bien. ¿Qué tengo que hacer para hablar bien el español?
Profesora	Tienes que hablar siempre en español, ver películas españolas e hispanoamericanas, vivir en España o leer novelas en español.

라라　저는 스페인어를 공부한지 1년이 되었습니다. 하지만 잘 말하지는 못합니다. 스페인어를 잘 말하기 위해서는 뭘 해야 합니까?

선생님　항상 스페인어를 말해야 하고 스페인과 중남미 영화를 보고 스페인에서 살거나 스페인어 소설을 읽어야 해.

11과

듣기

Hoy es 5 de junio. Mañana es el cumpleaños de Lara. Va a dar una fiesta en casa a las siete de la tarde. Tiene que preparar muchas cosas hoy.

오늘은 6월 5일입니다. 내일은 라라의 생일입니다. 오후 7시에 집에서 파티를 열 것입니다. 그녀는 오늘 많은 것들을 준비해야 합니다.

12과

듣기

A　A mí me gustan los deportes. Sobre todo, me encanta el béisbol. Es muy divertido.

B　A mí no me gusta. Prefiero el fútbol. Siempre lo veo en la televisión.

A　나는 스포츠를 좋아합니다. 특히 야구를 무척 좋아합니다. 매우 재미있습니다.

B　나는 좋아하지 않습니다. 축구를 더 좋아합니다. 항상 텔레비전에서 그것을 봅니다.

읽기

안녕하세요? 제 이름은 훌리오입니다. 나는 봄을 매우 좋아합니다. 왜냐하면 스포츠를 하기에 매우 좋은 날씨이기 때문입니다. 나는 야구를 좋아합니다. 친구들과 나는 한 팀에 있고 오후마다 그것을 합니다. 게다가 주말마다 텔레비전에서 그것을 봅니다. 나는 축구도 좋아하지만 첫 번째 것이 더 좋습니다.

13과

듣기

Pedro	A mí me gustan mucho los deportes. Especialmente el fútbol. Me gusta verlo en la televisión con los amigos en casa.
Mónica	A mí me gusta estudiar economía. No me importa estudiarla todos los días porque quiero ganar mucho dinero.

뻬드로　나는 스포츠를 매우 좋아합니다. 특히 축구를 좋아합니다. 나는 집에서 친구들과 함께 텔레비전으로 그것을 보는 것을 좋아합니다.

모니까　나는 경제를 공부하는 것을 좋아합니다. 나는 그것을 매일 공부하는 것이 아무렇지 않습니다. 왜냐하면 많은 돈을 벌고 싶기 때문입니다.

14과

듣기

Todos los días me levanto a las siete y media. Me ducho, me visto y desayuno. Salgo de casa a las ocho y media, y llego a la escuela a las nueve. Después de las clases vuelvo a casa. Ceno, veo un poco la televisión y me acuesto a las once y media.

매일 나는 7시 반에 일어납니다. 샤워하고 옷을 입고 아침 식사를 합니다. 집에서 8시 반에 나가고 학교에 9시에 도착합니다. 수업 후에 집으로 돌아갑니다. 저녁을 먹고, 텔레비전을 조금 보고 11시 반에 잠자리에 듭니다.

15과

듣기

Pablo tiene 23 años. Carlos también. Ana tiene 20 años y Manuel 31.

빠블로는 23살입니다. 까를로스도 그렇습니다. 아나는 20살이고 마누엘은 31살입니다.

16과

듣기

Este sábado Nacho quedará con Bora y después comerá con su primo Raúl. Luego, jugará al fútbol con sus amigos. El domingo estará en casa para estudiar.

이번주 토요일에 나초는 보라와 만날 것이고, 그 후에 그의 사촌 라울과 함께 식사할 것입니다. 다음에는 친구들과 축구를 할 것입니다. 그리고 일요일에는 공부를 하기 위해 집에 있을 것입니다.

17과

듣기

Ayer comí con mi hermano y vimos una película en la TV. Por la noche, llamé a Miguel, pero no me contestó. Esta mañana lo he llamado otra vez, pero no me ha contestado tampoco. Creo que está en casa de sus abuelos.

어제 나는 동생과 점심을 먹었고 텔레비전에서 영화를 봤습니다. 밤에는 미겔에게 전화했지만 받지 않았습니다. 오늘 아침에 다시 전화를 했지만 역시 받지 않았습니다. 내 생각에는 그의 조부모님의 집에 있는 것 같습니다.

읽기

안녕하세요. 엄마.
어제 제 친구 꼰차의 가족과 함께 저녁을 먹었어요. 그녀가 저를 일주일 전에 초대했어요. 저녁을 먹은 후에 그녀의 동생들과 춤을 추러 나갔습니다. 정말 재미있는 밤이었어요! 어제 밤에는 그녀의 집에서 잤습니다. 오늘 아침 나의 집에 돌아왔고 감사 인사를 하기 위해 그녀에게 전화를 했어요.
뽀뽀를 보내며, 마리아가

18과

듣기

Miguel	¿Cuando eras niña, veías mucho la televisión?
Bora	Yo la veía poco, porque aprendía a tocar el piano por la tarde.
Miguel	Yo la veía los sábados y los domingos después de comer.

미겔	너는 어렸을 적에 텔레비전을 많이 봤었니?
보라	거의 못 봤어. 왜냐하면 오후에 피아노 치는 것을 배웠기 때문이야.
미겔	나는 토요일과 일요일 점심을 먹은 후에 보고는 했어.

읽기

마르따	할아버지, 나는 공부하기가 싫어요. 할아버지는 어렸을 때 공부하셨어요?
할아버지	아니, 왜냐하면 나는 아주 작은 마을에 살았기 때문이란다. 공부하기 위해서 우리는 더 큰 다른 마을로 가야만 했어. 하지만 자동차도 없었지.
마르따	삶이 많이 바뀌었어요, 그렇죠?
할아버지	그래, 아주 많이 바뀌었어. 지금 너희 젊은이들은 원하는 모든 것을 갖고 있어. 전에 우리는 거의 아무것도 없었지. 하지만 행복했었어.

19과

듣기

Antonio	¿Por qué no aprendes a conducir?
Bora	Dejé de hacerlo el año pasado porque estaba muy ocupada. Pero ahora quiero empezar otra vez.
Antonio	Muy bien. Te ayudo a hacerlo.

안또니오	왜 운전하는 것을 안 배우니?
보라	작년에 그만뒀어. 왜냐하면 매우 바빴기 때문이야. 하지만 지금은 다시 시작하고 싶어.
안또니오	좋아. 내가 하는 것을 도와줄게.

20과

듣기

Juan, he dejado las ventanas abiertas. Ciérralas, por favor. Y dale comida al perro y lava la ropa. No te acuestes tan pronto porque tengo que hablar contigo. Hablaremos antes de ir a dormir. Hasta luego.

후안, 창문을 열어 놓고 왔어. 창문 좀 닫아 줘. 그리고 개에게 사료를 주고 옷을 세탁해. 너와 이야기해야만 하니까 너무 일찍 잠자리에 들지는 마, 잠자러 가기 전에 이야기하자. 이따 보자.

A

B

D

E

ㄱ

기타

MEMO

MEMO

내게는 특별한
스페인어를 부탁해 첫걸음

주요 표현 미니북

조혜진 지음

스페인어 + 한국어 녹음 | MP3 무료 다운로드

다락원

내게는 특별한 첫걸음
스페인어를 부탁해

주요
표현
미니북

차 례

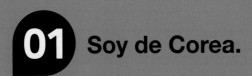

01 Soy de Corea.

나는 한국 출신입니다.

001

Soy de	Corea.
	Seúl.
	Corea del Sur.
	la capital de Corea.

★ ¿De dónde eres?

¿De dónde es usted?

Soy de Corea.

● 내게는 특별한 스페인어를 부탁해 p.27

나는

> 한국
>
> 서울
>
> 남한
>
> 한국의 수도

출신입니다.

★ 너는 어느 나라 사람이니?

당신은 어느 나라 사람입니까?

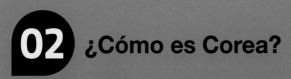

02 ¿Cómo es Corea?

한국은 어때요?

002

	su/tu casa?
	su/tu familia?
¿Cómo es	Corea?
	la habitación?
	el clima?

★ Es grande y bonita.

¿Cómo está su/tu familia?

6

¿Cómo es Corea?

● 내게는 특별한 스페인어를 부탁해 p.47

당신/너의 집은	
당신/너의 가족은	
한국은	어때요?
그 방은	
날씨는	

★ 크고 예뻐요.

당신/너의 가족은 어떻게 지내요?

¿Cómo te llamas?

¿Cómo se llama

usted?

el profesor?

la calle?

el hotel?

esto?

★ Me llamo Bora Kim.

Se llama Miguel Molina.

¿Cómo se llama usted?

● 내게는 특별한 스페인어를 부탁해 p.46

너는 이름이 뭐니?

당신은	
그 선생님은	
그 거리는	이름이 무엇입니까?
그 호텔은	
이것은	

★ 내 이름은 김보라입니다.

그의 이름은 미겔 몰리나입니다.

004

¿Quién es

aquel chico?

aquella señora?

el dueño?

el siguiente?

Bora Kim?

¿Quién es aquel chico?

● 내게는 특별한 스페인어를 부탁해 p.56

저 청년은

저 아주머니는

주인은   누구예요?

다음 사람은

김보라는

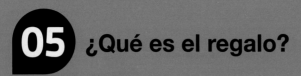

05 ¿Qué es el regalo?

선물은 무엇입니까?

005

¿Qué es

el regalo?

aquel paquete?

el amor?

jamón?

★ ¿Qué es esto?

12

¿Qué es el regalo?

● 내게는 특별한 스페인어를 부탁해 p.56

선물은

저 상자는   무엇입니까?

사랑은

하몽은

★ 이것은 무엇입니까?

006

¿Hay

alguna cafetería

alguna farmacia

algún banco

alguna tienda de ropa

por aquí?

★ ¿Dónde hay una librería?

¿Hay alguna cafetería por aquí?

● 내게는 특별한 스페인어를 부탁해 p.66

이 근처에

> 카페가
>
> 약국이
>
> 은행이
>
> 옷 가게가

있어요?

★ 서점이 어디 있어요?

¿Dónde está mi maleta?

내 트렁크는 어디에 있어요?

007

¿Dónde está

mi maleta?

la taquilla?

la salida?

la entrada?

el señor González?

¿Dónde está mi maleta?

● 내게는 특별한 스페인어를 부탁해 p.66

내 트렁크는

매표소는

출구는   어디에 있어요?

입구는

곤쌀레쓰 씨는

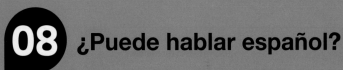

08 ¿Puede hablar español?

스페인어를 말할 수 있어요?

008

¿Puede(s)

hablar español?

ayudarme?

enseñarme español?

cambiarme esto?

llamarme luego?

¿Puede hablar español?

● 내게는 특별한 스페인어를 부탁해 p.76

스페인어를 말할 수

나를 도와줄 수

(당신/너는)　내게 스페인어를 가르쳐 줄 수　있어요?

나에게 이것을 교환해 줄 수

이따가 나에게 전화해 줄 수

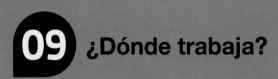

09 ¿Dónde trabaja?

어디서 일해요?

009

¿Dónde

> trabaja(s)?
>
> vive(s)?
>
> come(s)?
>
> estudia(s)?
>
> ha(s) quedado con los amigos?

¿Dónde trabaja?

● 내게는 특별한 스페인어를 부탁해 p.77

(당신/너는) 어디서

일해요?

살아요?

점심 먹어요?

공부해요?

친구들과 만나기로 했어요?

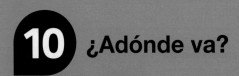

10 ¿Adónde va?

어디 가요?

010

¿Adónde
¿Por qué
¿Cómo   va(s)?
¿Con quién
¿Cuándo

¿Adónde va?

● 내게는 특별한 스페인어를 부탁해 p.86

어디

왜

(당신/너는)　어떻게　가요?

누구와

언제

11 Voy a ver una película.

나는 영화 보러 가요.

011

Voy a

ver una película.

comer.

tomar un café.

buscar algo.

sacar dinero.

Voy a ver una película.

내게는 특별한 스페인어를 부탁해 p.86

(나는)

영화 보러

식사 하러

커피 마시러   가요.

뭐 좀 찾으러

돈 찾으러

12 Vamos a comer juntos.

같이 식사해요.

012

Vamos a

comer

ver una película

viajar

tomar un taxi

salir a pasear

juntos/juntas.

> Vamos a comer juntos.

● 내게는 특별한 스페인어를 부탁해 p.87

(우리) 같이

식사해요.

영화 봐요.

여행 가요.

택시 타요.

산책 가요.

¿Le/Te doy

un café?

agua?

cerveza?

algo para beber?

algo para comer?

¿Le doy un café?

● 내게는 특별한 스페인어를 부탁해 p.97

(당신/너에게) | 커피
물
맥주
마실 것
먹을 것 | 드릴까요?

014

¿Cuántos años tiene(s)?

¿Cuántos
hermanos
amigos
compañeros
invitados
tiene(s)?

¿Cuántos años tiene?

내게는 특별한 스페인어를 부탁해 p.77

(당신/너는) 몇 살이에요?

형제
친구
동료
손님

(당신/너는) 이/가 몇 명이에요?

015

Tengo

frío.

calor.

hambre.

sed.

dolor de cabeza.

Tengo frío.

● 내게는 특별한 스페인어를 부탁해 p.96

추워요.

더워요.

(나는)　배가 고파요.

목이 말라요.

머리가 아파요.

	comer	
	probar	
Quiero	comprar	esto.
	hacer	
	beber	

Quiero comer esto.

● 내게는 특별한 스페인어를 부탁해 p.106

(나는) 이것을

먹고

먹어 보고/시험해 보고

사고

하고

마시고

싶어요.

17 Hace buen tiempo.

날씨가 좋아요.

017

Hace

buen tiempo.

mal tiempo.

calor.

frío.

sol.

Hace buen tiempo.

● 내게는 특별한 스페인어를 부탁해 p.116

날씨가

좋아요.

나빠요.

더워요.

추워요.

화창해요.

018

Hace
| 3 horas |
| 2 días |
| 1 semana |
que llueve.

Hace
| 5 meses |
| 8 años |
que trabajo en un banco.

★ ¿Cuánto tiempo hace que vives aquí?

Hace tres horas
que llueve.

● 내게는 특별한 스페인어를 부탁해 p.116

3시간

이틀   전부터 비가 와요.

일주일

(나는)   5개월

8년   전부터 은행에서 일해요.

★ 너는 얼마 전부터 이곳에서 살고 있니?

Tengo que

> trabajar.
>
> estudiar.
>
> hacer ejercicio.
>
> volver a casa.
>
> levantarme temprano.

Tengo que trabajar.

● 내게는 특별한 스페인어를 부탁해 p.117

(나는)　　　일을 해야만
　　　　　공부를 해야만
　　　　　운동을 해야만　　　해요.
　　　집으로 돌아가야만
　　　　일찍 일어나야만

Son las ocho de la mañana.

오전 8시예요.

Son las

> ocho (de la mañana).
>
> cuatro (de la tarde).
>
> once (de la noche).
>
> cinco (de la madrugada).

★ ¿Qué hora es?

★ Es la una.

Son las ocho de la mañana.

● 내게는 특별한 스페인어를 부탁해 p.126

(오전) 8시

(오후) 4시 예요.

(밤) 11시

(새벽) 5시

★ 몇 시예요?

★ 1시예요.

¿A qué hora

> nos vemos?
>
> es la clase?
>
> es la película?
>
> va(s) a casa?
>
> cena(s)?

★ El tren sale a las 6 de la tarde.

Me levanto a las 8.

¿A qué hora nos vemos?

● 내게는 특별한 스페인어를 부탁해 p.127

	우리 만나요?
	수업이에요?
몇 시에	영화가 상영해요?
	(당신/너는) 집에 가요?
	(당신/너는) 저녁 먹어요?

★ 기차는 오후 6시에 출발해요.

　(나는) 8시에 일어나요.

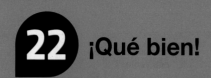

22 ¡Qué bien!

잘됐어요!

¡Qué	bien!
	alegría!
	lástima!
	suerte!
	mala suerte!
	susto!

● 내게는 특별한 스페인어를 부탁해 p.101

잘됐어요!

기뻐요!

안됐어요!

운이 좋아요!

운이 나빠요!

깜짝이야!

¿Cuándo es

| su/tu cumpleaños? |
| la fiesta? |
| el examen? |
| la excursión? |
| la boda? |

¿Cuándo es su cumpleaños?

● 내게는 특별한 스페인어를 부탁해 p.127

당신/너의 생일이

파티가

시험이   언제예요?

소풍이

결혼식이

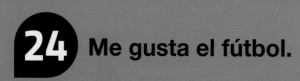

24 Me gusta el fútbol.

축구를 좋아해요.

024

	el fútbol.
Me gusta	viajar.
	España.

Me gustan	las películas españolas.
	todas las frutas.

★ ¿Qué le/te gusta hacer los domingos?

Me gusta el fútbol.

● 내게는 특별한 스페인어를 부탁해 p.136

	축구를	
(나는)	여행하는 것을	좋아해요.
	스페인을	

	스페인 영화를	
(나는)	모든 과일을	좋아해요.

★ 당신/너는 일요일마다 뭐 하는 것을 좋아해요?

51

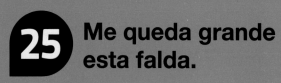

	estrecha	esta falda.
Me queda	grande	esta camisa.
	corto	este abrigo.

	pequeños	estos zapatos.
Me quedan	largos	estos pantalones.

★ ¿Cómo me queda esta ropa?

> Me queda grande
> esta falda.

● 내게는 특별한 스페인어를 부탁해 p.146

이 치마는		끼어요.
이 셔츠는	나한테	커요.
이 코트는		짧아요.

| 이 신발은 | | 작아요. |
| 이 바지는 | 나한테 | 길어요. |

★ 이 옷이 내게 어떤가요?

26 Me duele la cabeza.

머리가 아파요.

026

Me duele

la cabeza.

la garganta.

el estómago.

Me duelen

los ojos.

las piernas.

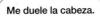

Me duele la cabeza.

● 내게는 특별한 스페인어를 부탁해 p.146

(나는)   머리가
         목이   아파요.
         배가

(나는)   눈이
         다리가   아파요.

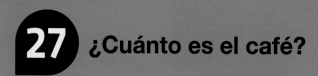

27 ¿Cuánto es el café?

커피가 얼마예요?

027

¿Cuánto es

el café?

el alquiler?

la tarifa?

este libro?

todo?

★ ¿Cuánto es?

= ¿Cuánto vale(n)? = ¿Cuánto cuesta(n)?

★ Son 10 euros.

= Vale(n) 10 euros = Cuesta(n) 10 euros.

¿Cuánto es el café?

● 내게는 특별한 스페인어를 부탁해 p.147

커피가	
월세가	
요금이	얼마예요?
이 책이	
모두	

★ 얼마예요?

★ 10유로입니다.

재킷은 하얀색이에요.

028

La chaqueta		blanca.
La falda	es	roja.
El abrigo		gris.

| Los zapatos | | negros. |
| Los pantalones | son | azules. |

★ ¿De qué color es la chaqueta?

La chaqueta
es blanca.

● 내게는 특별한 스페인어를 부탁해 p.146

재킷은	하얀색	
치마는	빨간색	이에요.
코트는	회색	

신발은	검은색	
바지는	파란색	이에요.

★ 재킷은 무슨 색이에요?

Estoy

estudiando.

cenando.

limpiando la casa.

viendo la televisión.

conduciendo el coche.

duchándome.

Estoy estudiando.

● 내게는 특별한 스페인어를 부탁해 p.166

(나는)	공부하는	중이에요.
	저녁 먹는	
	집을 청소하는	
	TV를 보는	
	차를 운전하는	
	샤워하는	

¿Qué le/te parece

mañana?

hoy?

este fin de semana?

tomar un café?

ver una película?

¿Qué le parece mañana?

● 내게는 특별한 스페인어를 부탁해 p.166

	내일은	
	오늘은	
(당신/너에게)	이번 주말은	어때요?
	커피 마시는 것은	
	영화 보는 것은	

31 El metro es más cómodo que el autobús.

지하철이 버스보다 더 편리해요.

031

El metro		cómodo		el autobús.
Seúl	es más	grande	que	Madrid.
El cine		divertido		el teatro.

| El rojo | | mejor | | el amarillo. |
| Mi madre | es | mayor | que | mi padre. |

El metro es más cómodo que el autobús.

● 내게는 특별한 스페인어를 부탁해 p.167

지하철		버스		편리해요.
서울	이/가	마드리드	보다 더	커요.
영화		연극		재미있어요.

| 빨간색 | | 노란색 | | 나아요. |
| 어머니 | 이/가 | 아버지 | 보다 더 | 연상이세요. |

Esta paella		la		rica.
Esta película	es	la	más	divertida.
Este bolso		el		bonito.
Este diccionario		el		caro.

| Barcelona | es | la | mejor. |
| Nacho | | el | mayor. |

> Esta paella es
> la más rica.

● 내게는 특별한 스페인어를 부탁해 p.167

이 빠에야가		맛있어요.
이 영화가	제일	재미있어요.
이 가방이		예뻐요.
이 사전이		비싸요.

| 바르셀로나가 | 제일 | 나아요. |
| 나초가 | | 나이가 많아요. |

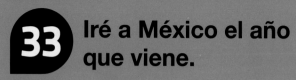

33 Iré a México el año que viene.

내년에 멕시코에 갈 거예요.

033

Iré a México	el año	
Visitaré el Prado	el mes	que viene.
Hará buen tiempo	la semana	

Algún día
- viajaré por todo el mundo.
- ganaré mucho dinero.

Iré a México el año que viene.

● 내게는 특별한 스페인어를 부탁해 p.176

(나는) 다음 해		멕시코에 갈	
(나는) 다음 달	에	프라도를 방문할	거예요.
다음 주		날씨가 좋을	

(나는) 언젠가 　　전 세계를 여행할　　 거예요.
　　　　　　　　　많은 돈을 벌

34 ¿Conoce Seúl?

서울을 알아요?

034

¿Conoce(s)	Seúl? un buen restaurante? a Carmen?

¿Sabe(s)	mi número de teléfono? que hoy vuelve Bora? quién es el jefe? conducir?

● 내게는 특별한 스페인어를 부탁해 p.177

(당신/너는)	서울을 좋은 식당을 까르멘을	알아요?

(당신/너는)	내 전화번호를 오늘 보라가 돌아오는 것을 사장이 누구인지 운전할 줄	알아요?

Si tengo tiempo, estudio.

viajo.

duermo.

Si me duele la cabeza, salgo a pasear.

descanso en el sofá.

Si tengo tiempo, estudio.

● 내게는 특별한 스페인어를 부탁해 p.176

(나는) 시간이 있으면

공부해요.

여행해요.

잠자요.

(나는) 머리가 아프면

산책 나가요.

소파에서 쉬어요.

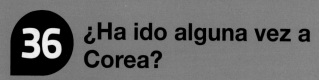

36 ¿Ha ido alguna vez a Corea?

한국에 가 본 적 있어요?

036

¿Ha(s)

ido

probado

visto

tenido

viajado

alguna vez

a Corea?

la comida coreana?

un tigre?

un amigo coreano?

en barco?

¿Ha ido alguna vez a Corea?

● 내게는 특별한 스페인어를 부탁해 p.186

(당신/너는)

| 한국에 |
| 한국 음식을 |
| 호랑이를 |
| 한국인 친구를 |
| 배로 |

| 가 본 적 |
| 먹어 본 적 |
| 본 적 |
| 사귀어 본 적 |
| 여행해 본 적 |

있어요?

Voy al cine
una vez a la semana.

일주일에 한 번 극장 가요.

Voy al cine		a la semana.
Viajo		al año.
Hago ejercicio	una vez	a la semana.
Voy de compras		al mes.
Llamo a mi madre		al día.

★ Dos veces

Muchas veces

Voy al cine una vez a la semana.

● 내게는 특별한 스페인어를 부탁해 p.186

(나는)	일주일	에 한 번	극장 가요.
	일 년		여행해요.
	일주일		운동해요.
	한 달		쇼핑 가요.
	하루		어머니께 전화해요.

★ 두 번

　여러 번

Anoche
> vi una película.
>
> no dormí bien.
>
> hablé con Carmen.

El viernes pasado
> llovió mucho.
>
> fui a una fiesta.

Anoche vi una película.

● 내게는 특별한 스페인어를 부탁해 p.187

(나는) 어젯밤에

> 영화 봤어요.
>
> 잠을 잘 못 잤어요.
>
> 까르멘과 얘기했어요.

지난 금요일에

> 비가 많이 왔어요.
>
> (나는) 파티에 갔어요.

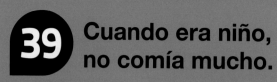

39 Cuando era niño, no comía mucho.

어렸을 때, 많이 먹지 않았어요.

039

Cuando era niño/a,

no comía mucho.

vivía en Francia.

me gustaba el fútbol.

Antes

tenía dos perros.

no hablaba mucho.

80

Cuando era niño,
no comía mucho.

● 내게는 특별한 스페인어를 부탁해 p.196

(나는) 어렸을 때,

많이 먹지 않았어요.

프랑스에 살았어요.

축구를 좋아했어요.

(나는) 전에

개 두 마리를 키웠어요.

말을 많이 하지 않았어요.

40 Hable despacio, por favor.

천천히 말해 주세요.

040

Hable/Habla despacio,

Espere/Espera un momento,

Dígamelo/Dímelo otra vez,　　por favor.

Deme/Dame un vaso de agua,

Ayúdeme/Ayúdame,

Hable despacio, por favor.

● **내게는 특별한 스페인어를 부탁해** p.216

천천히 말해

잠깐 기다려

다시 한번 얘기해 　주세요.

물 한 잔만

저를 도와

내게는 특별한 스페인어를 부탁해

첫걸음

스페인어를 부탁해

주요 표현 미니북

지은이 조혜진
펴낸이 정규도
펴낸곳 (주)다락원

초판 1쇄 발행 2011년 8월 19일
개정판 1쇄 발행 2023년 7월 20일
개정판 2쇄 발행 2024년 2월 19일

책임편집 이숙희, 한지희, 오지은
디자인 윤지영, 윤현주
일러스트 다감인
녹음 Atahualpa Amerise Fernández, Clara Alonso Sendino, Alejandro Sánchez Sanabria, Verónica López Medina, 김기흥, 정마리, 김성희, 김희승

다락원 경기도 파주시 문발로 211, 10881
내용 문의 : (02)736-2031 내선 420~426
구입 문의 : (02)736-2031 내선 250~252
Fax : (02)732-2037
출판등록 1977년 9월 16일 제406-2008-000007호

ISBN 978-89-277-3306-5 13770

http://www.darakwon.co.kr
다락원 홈페이지를 방문하시면 상세한 출판 정보와 함께
MP3 자료 등 다양한 어학 정보를 얻으실 수 있습니다.

내게는 특별한 첫걸음

스페인어를 부탁해

주요
표현
미니북